OHNE WEG ANS ZIEL

ATHANASIOS AJAY MEINBERG

FREE PUBLISHING MUNICH

Impressum

Ohne Weg ans Ziel

Athanasios Ajay Meinberg

PRINT
2. Auflage 01/2020

Erschienen 04/2012 als **eBook**
und 2019 neu überarbeitet.

Jahresbestseller 2012 in Deutschland
bei Amazon Kindle »Sachbuch«

ISBN 978-3-9809689-4-2

www.OhneWegAnsZiel.de

Herstellung und Auslieferung:
BoD – Books on Demand, Norderstedt

Inhalt

Vorwort

Dieses spirituelle Handbuch möchte Dir eine neue entspannte Perspektive auf Dein Leben anbieten – abseits von Druck und Stress aller Art. Und vor allem will es Dir die Angst vor dem Leben nehmen, damit Du mehr Freude am Leben hast.

Alles, was Du dazu brauchst, ist schon in Dir. Denn Du hast schon die Freiheit, Dich zu entscheiden …

Durch Deine Entscheidungsfreiheit hast Du schon die Gabe zur Veränderung in Dir. Und schönerweise braucht es keinen Aufwand, um eine Entscheidung zu fällen.

Deshalb hat dieses Buch auch den Titel »Ohne Weg ans Ziel«.

»Ohne Weg ans Ziel« gibt Dir dazu eine **neue Perspektive** auf Dein Leben – abseits von jedweden Ideologien, Dogmen und Zwängen. Eine Sichtweise, die Dir darüber hinaus den Sinn zurückgibt – und Dich für das Abenteuer »Leben« zu begeistern vermag …

Warum sich also das Leben unnötig schwer machen, wenn es auch leicht geht? Nur weil wir die Erfahrung gemacht haben, dass das Leben nicht leicht ist?

Was wäre, wenn es doch einfacher ist, als wir denken? Was wäre, wenn uns mehr möglich ist, als wir wissen? Was wäre, wenn all das, was wir bisher dachten, plötzlich keine Rolle mehr spielt?

Ich glaube nicht, dass ein Buch die Welt zum Guten verändern kann, aber möglicherweise kann es ja **DICH** verwandeln …

Anerkennung

Wir alle wünschen uns **Anerkennung** – aber wofür haben wir zuallererst Anerkennung verdient?

Dafür dass wir nicht aufgegeben haben, sondern durchgehalten haben – trotz aller Irrtümer und Defizite in uns!

Ich feiere jeden, der hier durchgehalten hat – und verstehe jeden, der hier aufgegeben hat …

**Denn das, was hier geschehen ist,
hatte nichts mit Dir zu tun !**

Und deshalb hat diese Menschheit meine Achtung und meinen vollen Respekt.

Und deshalb darf das, was den Menschen angetan wurde und immer noch angetan wird, niemals auf die Menschen zurückfallen!

Wir sind nicht vergessen – und werden auch nicht übersehen !

Der Mensch an sich ist **aus der Vollkommenheit Seiner Schöpfung** hervorgegangen – und deshalb ist der Mensch auch kein Fehler oder Irrtum der Schöpfung.

Jeder Mensch hat in sich die Anlage zur Vollkommenheit, weil er zur Bewusstheit über sich selbst fähig ist …

Jedoch wird die Entfaltung dieser Bewusstheit hier hart blockiert – und dadurch sind wir in unserer Ent-Wickelung limitiert.

Nur hat all das, wozu Menschen hier konditioniert, umfunktioniert und versklavt wurden, **nichts** mit **Seiner Schöpfung** zu tun.

Doch kann uns auch hier nichts und niemand unser Bewusstsein nehmen – egal, wie einvernommen unser Denken ist. Denn der **Blinde Fleck** in uns kann zwar dies oder jenes verzögern – aber niemals die Auflösung dieses Irrtums verhindern.

Und um den Grössten aller Irrtümer, der unsere Ent-Wickelung blockiert, geht es in diesem Buch, damit es für **DICH** endlich anders weitergehen kann ...

Herzlichst Athanasios Ajay Meinberg

Einleitung

Dieses Buch ist anders,
denn es ist **spirituell …**

Es geht hier also nicht um elitären Intetellektualismus oder um Kuschel-Esoterik, denn dadurch wird **Spiritualität** in den Bereich der Bedeutungslosigkeit verschoben – und damit ihr Wert für uns unsichtbar gemacht.

Schon der Titel **Ohne Weg ans Ziel** spaltet den Jordan. Denn für die einen klingt »**Ohne Weg**« eher provokativ – und für die anderen eher verheissungsvoll.

Ohne Weg ans Ziel ist jedoch kein leeres Versprechen, sondern nichts als die Wahrheit, um die wir tief in uns bereits wissen.

Dass wir dennoch dazu neigen, diese Wahrheit zu verdächtigen, ist verständlich, da wir auf Leistung getrimmt sind.

Ohne Weg ein Ziel zu erreichen, steht daher im krassen Widerspruch zu unserer systemischen Konditionierung, d.h. zu all den Überzeugungen, die wir hier im Laufe unseres Lebens übernommen und uns angeeignet haben.

Wir leben in einer Leistungsgesellschaft, in der wir nicht mehr **einfach sein** dürfen.

Wer es sich hier einfach macht, ist aussen vor – oder wird von anderen beneidet, was auch nicht positiv ist.

Kein Wunder, dass es in so einem sozialen Umfeld zu einem enormen Anstieg an psychischen Erkrankungen wie Depression und Burn-Out kommt.

Wir machen es uns nicht einfach – und folglich erscheint uns das Leben auch nicht gerade als leicht. Irgendwann passen wir uns an die Umstände hier an, stimmen dem Leistungsprinzip zu – und machen irgendwie mit. Und spätestens ab dann verdächtigen wir die **Leichtigkeit** als Verweigerung, und fordern von anderen

Höchstleistungen, die wir selber gar nicht erbringen können.

Wir leben die Überzeugung »***Von nichts kommt nichts.***« Und folglich braucht es, um hier überhaupt etwas zu erreichen, vorher eine entsprechende Anstrengung.

Wir verharmlosen Mühsal und Anstrengung als »**aktiv sein**«. Und manche fühlen sich dadurch erst lebendig …

Problematisch wird es erst, wenn wir dieses Konzept von »***Streng Dich mehr an!***« übernehmen, oder gar anderen aufzwingen. Denn wenn wir ***Anstrengung*** über **Einfachheit und Leichtigkeit** stellen, weichen wir von einer viel grösseren Wahrheit ab – und diese Abweichung hat Auswirkungen, die wir ganz sicher nicht wollen.

Dazu mal eine Formel :

Input x Wertigkeit 0 = Output 0

Wenn das, was wir geben, erzwungen ist, dann ist es **nicht freiwillig**. Und ist es nicht freiwillig, hat es keinen Wert – also Wertigkeit »Null«. Dann können wir es uns auch gleich sparen. Denn alles, was die Wertigkeit »Null« hat, bringt auf Dauer keinen Gewinn hervor – egal wie gross der Input ist. Dann ist der Output immer gleich Null.

Wenn das, was wir tun, also nicht mit unseren Bedürfnissen und Interessen übereinstimmt, dann ist das, was wir geben, ohne Wert. Wozu es dann überhaupt tun? Wozu sich für etwas anstrengen oder abmühen, was sowieso keinen Gewinn in Form von Freude, Erfüllung und Glück mit sich bringt?

Wozu der ganze Stress ?

Kinder und Jugendliche verstehen sofort, wovon hier die Rede ist. Bei Erwachsenen dauert es erfahrungsgemäss ein wenig länger, da sie aufgrund ihrer Biographie mittlerweile schon davon überzeugt sind, dass es für alles im Leben eine entsprechende Anstrengung brauche, und dass es erst diese Anstrengung ist, die sie dorthin gebracht habe, wo sie sich gerade befinden. Was für ein Irrtum!

In Wahrheit wollen die meisten von uns doch gar nicht dort sein, wo sie gerade sind. Deshalb flüchten sich viele in Tagträume, Filme, Games oder wohin auch immer …

Doch verlieren sie dazu immer mehr den Bezug zu der Wirklichkeit, in der sie sich hier befinden – weshalb sie sich dann kaum noch darin zurechtfinden.

Um Missverständnissen gleich mal vorzubeugen, sollten wir zwei Begriffe deutlich voneinander unterscheiden – nämlich ***Anstrengung*** von Bemühen …

Sich um etwas zu bemühen, kann sehr erfüllend sein. Anstrengung im Sinne von Mühsal und Abrackern ist jedoch genau das Gegenteil davon und erschöpft uns – und nimmt uns die Freude am Leben!

Doch genau in diesem Sinne definieren wir »Weg« unverdächtig als »Arbeit mal (Lebens)Zeit«.

Das, was wir gewohnter Weise unter »Weg« verstehen, ist mit Arbeit verschränkt.

Arbeit ist Aufwand ohne Gewinn.

Zwar betrachten viele das, was sie am Monatsende als Lohn bekommen, als Belohnung für ihre Arbeit. Würden sie sich jedoch nicht die Frage stellen, was sie bekommen, sondern was ihnen bleibt, dann wäre es allemals zu wenig, um zu leben.

In einer Leistungsgesellschaft (früher hiess es »Arbeitergesellschaft«) sollen wir Arbeit, Aufwand und Anstrengung als etwas Notwendiges betrachten, für das wir „belohnt“ werden. Da es aber nicht angemessen belohnt wird, sprechen viele zurecht von Ausbeutung und Versklavung.

Es ist aber nicht unbedingt notwendig, von jetzt auf gleich seinen Job zu kündigen. Denn von unserem bisherigen Weg sollten wir nicht loslassen, bevor wir nicht wirklich eine Alternative haben, da wir sonst in ein tiefes Loch fallen.

Das bedeutet jedoch nicht, dass wir unsere Sichtweise auf das Leben nicht schon **vorher** ändern können ...

Und deshalb sollten wir **Einfachheit und Leichtigkeit** nicht länger verdächtigen – und uns dafür auch nicht **schuldig** fühlen.

Nun geht es in diesem Buch aber um viel mehr …

Ohne Weg ans Ziel rückt etwas in unseren Blickpunkt, das für viele bisher kaum eine Rolle gespielt hat: nämlich **das Ziel**, um das es wirklich geht – und die Wechselwirkung zwischen diesem Höheren Evolutionären Ziel und unserem Weg hier …

Wir werden hier auf einen Weg gebracht, lange noch **bevor** wir überhaupt das Ziel kennen. Doch ohne das Wissen um dieses Ziel macht auch der Weg hier für uns kaum Sinn.

Um welches **Ziel** geht es also?

Es geht um ein **Evolutionäres Ziel**, das zugleich der Grund ist, wozu wir hier sind …

In der Evolution geht es um Korrektur, Selbsterkenntnis und Ausheilung …

Verblüffender Weise kennen wir uns **Selbst** noch gar nicht, weil wir uns mit einem Bild von uns selbst identifizieren – genannt »**Identität**«, und dieses Bild für die Wahrheit halten.

Doch geht es nicht darum, für was wir uns halten, sondern was wir sind …

Und dabei will Dir dieses Buch Anregungen, Einblicke und Erkenntnisse schenken, damit Du nicht weiterhin durch den harten Weg der Erfahrung zu gehen brauchst – nach dem Motto »**Hinterher weiss man immer mehr!**«

Und in diesem Sinne ist **Ohne Weg ans Ziel** das, was es ist – ein Geschenk der Liebe …

Verirrt und Verwirrt …

Was macht einen Ort zu einem Labyrinth?

Dass keiner wirklich weiss,
wo der **Ausgang** ist.

Und was hat das alles mit Dir zu tun?

Nun, wir sind hier in der **EVOLUTION** in einer Art von Labyrinth, aus dem wir den Ausgang nicht finden, weil wir das Ziel längst vergessen haben. Wir wollen wieder raus aus diesem Labyrinth, denn wir haben die Nase gestrichen voll vom Herumirren …

Verirrung & Verwirrung

Das Symbol der Hopi-Indianer in Nordamerika ist eine Zeichnung des Menschen im Labyrinth und heisst dementsprechend »Man in the maze«. Es symbolisiert den Menschen, der im

Labyrinth des Lebens gefangen ist – und seine ewige Suche nach dem Ausgang …

Doch brauchen wir nicht ewig umher zu irren, sondern dürfen jetzt wissen, worum es wirklich geht – und worum nicht!

Es gibt auch für unsere Odyssee ein **Happy End**. Denn es gibt einen Ausgang aus dem Labyrinth hier …

Spielerisch

Was macht ein Spiel aus?

Ein Ziel, das jedem völlig klar ist, und Regeln, die so einfach sind, dass sie jedes Kind verstehen kann …

spielerisch klar und einfach

Schön, wenn es im Leben auch so einfach wäre. Dann würde sich jeder hier für sein Leben begeistern – und versuchen, das Beste daraus zu machen. Und warum ist das nicht so?

Ganz einfach, weil uns das Handbuch zum Glücklichen Leben fehlt. Zwar gibt es viele Menschen, die uns kluge Ratschläge und Empfehlungen geben, und das ist auch gut so – aber auch sie wissen nicht, worum es hier eigentlich geht – also, worin das Ziel hier besteht und wie wir es erreichen können.

Wir lernen nicht im Elternhaus oder in der Schule, worum es im Leben geht – und was das Ganze hier eigentlich soll. Entweder weiss es niemand, oder diejenigen, die es wissen, reden nicht darüber. In Bezug auf die Herausforderungen, vor die wir hier gestellt werden, fühlen wir uns zurecht oftmals überfordert oder ihnen gar nicht gewachsen.

Die meisten von uns bauen ein Leben lang auf die Strategie von »***Versuch und Irrtum***«, die aber aufgrund unserer begrenzten Aufenthaltsdauer im Hotel »**Erde**« vorhersehbar zum Scheitern verurteilt ist. Denn wir haben gar nicht genug Zeit hier, um das Rad immer wieder neu zu erfinden.

Wir spekulieren und experimentieren – und am Ende suchen wir nur noch nach einer Erklärung für unser Scheitern. Dabei ist es doch offensichtlich, dass wir gar nicht wissen, was wir tun sollen, weil wir nicht wissen, worum es hier überhaupt geht.

Und wie gehen Eltern und Erzieher üblicher Weise mit ihrer eigenen Ohnmacht dem Leben gegenüber um? Sie geben an uns ihre übernommenen Patentrezepte weiter, die schon für ihr eigenes Leben nicht funktioniert haben …

Damit das Kind bei seiner Einschulung nicht gleich vor Schreck tot umfällt, wenn es zu hören bekommt, "jetzt beginnt der Ernst des Lebens", gibt es gleich die altbewährte Beruhigungspille dazu:

„Wir wollen doch nur, dass es Dir im Leben später mal besser geht als uns. Alles nur zu Deinem Besten!“

Wie schön das klingt …

Aber wie soll es uns mal besser gehen, wenn sie es nicht besser wissen? Wenn es niemand besser weiss, weil uns hier das Handbuch zum Leben fehlt? Woher wollen sie dann wissen, dass die jahrelange Zeit der Ausbildung – und damit der Anpassung an ein menschenunwürdiges System – uns ein erfülltes und glückliches Leben gewährt?

Oder wissen sie das gar nicht ?

Ziellos !

Wir lernen hier wie die Weltmeister, als ginge es dabei um unser Leben. Doch stellen wir meistens erst hinterher fest, dass wir einen Grossteil davon gar nicht brauchen. Noch weniger lernen wir, was es wirklich braucht, damit wir unser Ziel hier erreichen – ohne uns dafür abzumühen. Doch das verrät uns hier keiner !

Ohne das Ziel fehlt uns auch der Sinn.

Wer kennt das nicht: Wenn das Leben mal wieder hart zuschlägt, dann ist guter Rat nicht nur teuer - es gibt ihn einfach nicht! Klar, hinterher weiss jeder immer mehr. Aber wie sieht es mit dem **Vorher** aus?

Warum nicht vorher vermeiden, was hinterher nur Leid mit sich bringt? Denn hinterher zeigt sich, dass geteiltes Leid nicht wirklich halbes Leid ist. Warum es nicht vorher smart angehen, damit es gar nicht erst so weit zu kommen braucht?

Und wenn die Katastrophe schon da ist, was können wir **JETZT** tun, um das scheinbar Unvermeidbare abzuwenden? Gibt es einen einfachen, schnellen und sicheren Ausweg aus dem ganzen Drama hier – und gibt es ihn auch für mich?

Warum es sich unnötig schwer machen? Das Leben ist schon Herausforderung genug. Bevor Du Dich auf einen unsicheren Weg begibst, von dem Du vorher nicht weisst, wohin er Dich bringt – oder ob Du mit Deinem eingeschlagenen Kurs nicht weiter vorankommst – gib‘ Dir jetzt die Chance, Dein Ziel hier auf einfache und freudvolle Weise zu erreichen.

Und das Schönste daran ist, dass Du dafür nichts zu tun brauchst !

Wer behauptet, dass etwas, für das wir nichts zu tun brauchen, nichts wert sei, täuscht sich!

Wir haben dafür, dass wir am Leben sind, auch nichts getan. Und niemand würde deswegen ernsthaft behaupten, dass das Leben nichts wert sei, nur weil es uns geschenkt wurde.

Um Dein Ziel hier zu erreichen, braucht es nicht viel. Doch etwas braucht es: nämlich Deine Bereitschaft, Dir Irrtümer anzusehen, die Dich bisher blockiert und limitiert haben …

Die Vorbereitung

Dieses Buch ist anders, denn es ist wie eine Reise in eine neue Welt …

Die Vorbereitung entscheidet über das Gelingen einer Reise.

Du kannst eine Menge im Vorfeld tun, um Dich auf eine Reise entsprechend vorzubereiten. Doch von all den Dingen, die Du im Vorfeld tun kannst, gibt es nur eine Sache, die zwingend notwendig ist. Und ist diese eine Voraussetzung nicht gegeben, dann kommst Du nicht an Dein Ziel.

Du solltest **Dein Ziel** hier kennen, damit Du nicht irgendwo im Nirgendwo landest …

Wenn wir eine Reise planen, dann entscheidet die Vorbereitung nicht nur darüber, ob wir überhaupt schon bereit sind für dieses Abenteuer, sondern auch darüber, was wir auf unserer Reise erleben werden – und was nicht!

Sind wir offen und flexibel genug, um alle Geschenke dort abzuholen – oder lassen wir uns an fremden Orten durchschleusen wie Touristen?

Unsere Vorbereitung entscheidet darüber, mit welcher Haltung wir andere Orte besuchen und wie wir uns anderen Kulturen gegenüber verhalten.

Wenn wir Neues erleben wollen, aber innerlich noch darauf bestehen, dass das Neue nicht zu weit vom Gewohnten abweichen darf, dann kann es sein, dass wir eher verstört auf die Andersartigkeit reagieren.

Sind wir wirklich schon auf die **Neue Zeit** vorbereitet?

Willkommen im Abenteuer der **Selbst-Erkenntnis** mit allem, was dazu gehört …

Das Wichtigste zuerst !

Achte auf das, was wirklich wichtig ist, und vergeude Deine wertvolle Lebenszeit und Energie hier nicht mit Nebensächlichkeiten, die Dich nicht an Dein Ziel bringen, sondern eher weg davon!

Du kannst im Leben vieles tun oder nicht tun, aber nicht alles davon bringt Dich wirklich weiter. Es ist nicht unbedingt offensichtlich, was Dich wirklich näher ans Ziel bringt …

FIRST COMES FIRST !
DAS WICHTIGSTE ZUERST !

Das Höhere Ziel hat immer Vorrang
gegenüber dem niederen Wollen.

Glücklicher Weise gibt uns die Evolution das Höhere Ziel hier schon vor …

Evolution

Willkommen am anspruchsvollsten Ort des Universums - nämlich der **Evolution** …

In der Schöpferischen Evolution geht es immer um Entwicklung und Entfaltung im Allgemeinen – und um Korrektur und Ausheilung im Speziellen.

Vereinfacht ausgedrückt:

In der Grossen Evolution der Schöpfung geht es um Selbsterkenntnis, Korrektur und Ausheilung …

Wir sind irgendwann von der Wahrheit abgewichen – und zur Korrektur bedarf es, dass wir den Irrtum, der uns in die Abweichung gebracht hat, aus uns Selbst heraus erkennen ...

Evolution ist also unsere **Chance** zur Korrektur von Irrtümern, die uns in die Abweichung von der Wahrheit gebracht haben – auf dass wir wieder zur Wahrheit zurückfinden, von der wir – individuell wie kollektiv – abgewichen sind …

Doch bevor wir uns dafür verurteilen, vorweg schon mal die gute Nachricht:

Unsere Abweichung von der Wahrheit hat nichts mit Schuld zu tun !

Innerhalb der grossen Schöpferischen Evolution befinden wir uns hier auf der Trauma-Ebene – auch wenn wir uns dessen gar nicht bewusst sind …

Ein Trauma ist eine Angst-Inception in unserem Bewusstsein, das wir nicht rational über Erkennen auflösen können.

Wir wissen, dass wir vor der Prüfung keine Angst zu haben brauchen, weil sie keine existenzielle Bedrohung für uns darstellt, und wir die Prüfung auch wiederholen können. Und dennoch reagieren manche auf Prüfungen scheinbar irrational mit Panik!

In der Trauma-Therapie hat sich gezeigt, dass die direkte Konfrontation mit der Angst extrem kontraproduktiv ist, und auch die abgeschwächte Form der De-Sensibilisierung vermag die Angst in uns nicht aufzulösen.

Was es zur Ent-Traumatisierung unbedingt braucht, ist die absolute Sicherheit, dass uns nicht wirklich etwas passieren kann!

Und diese absolute Sicherheit haben wir nur unter den geschützten Bedingungen einer Simulation, weil dort kein Schaden sowohl für uns, als auch für andere möglich ist.

Deshalb lernen Piloten erst im Flug-Simulator das Fliegen, bevor sie ein Passagierflugzeug fliegen dürfen.

Simulation

Und deshalb ist die Evolution eine Semi-Simulation - ähnlich wie ein Flug-Simulator.

Wir identifizieren uns zwar mit dem, was wir sehen, und halten deshalb die Erscheinung für wahr – was sie glücklicher Weise jedoch nicht ist.

Nichts ist, wie es scheint !

Deshalb ist nicht alles falsch, wie es uns erscheint - aber eben auch nicht wahr!

Auf eine Simulation würden wir uns nie wirklich einlassen, wenn sie uns nicht als real erscheinen würde.

Wir erwarten von einer Simulation, dass sie real erscheint – was aber nicht bedeutet, dass sie auch echt ist!

Wenngleich die Simulation nicht real ist, so darf sie von der Realität nicht allzu weit abweichen, weil sie dann für uns entweder gar nicht sichtbar ist, oder wir uns einfach nicht darauf einlassen …

Holodeck »Erde«

Das Holodeck »**Erde**« ist so eine Simulation – und jetzt geht's rein in die Simulation …

Manchmal haben wir das Gefühl, im falschen Film zu sein, insbesondere wenn wir mit ein bisschen Abstand auf den Wahnsinn da draussen blicken ...

Und ganz so falsch ist diese Vorstellung von Film nicht, weil wir hier – ähnlich wie in einem 3D-Kino – uns einen Film ansehen, mit dessen Handlung wir uns identifizieren, und deshalb glauben, dass er in Echtzeit abläuft …

Doch ist der Film, den wir als Zuschauer im Kino sehen, schon längst abgedreht und auf einer Filmrolle aufgewickelt.

Der grosse Unterschied zum Film hier – genannt Erscheinungswelt – besteht darin, dass wir hier **interaktiv** in die Filmhandlung eingreifen können.

Willkommen im Holodeck »Erde« …

Alles, was wir hier sehen, erscheint uns als real, weil wir uns damit identifizieren – aber dennoch ist es nicht real, sondern nur eine Simulation.

Die Faszination innerhalb einer Simulation besteht ja gerade darin, dass uns alles hier so echt erscheint.

Wir bestehen in einer Simulation darauf, dass sie uns als realistisch erscheint – auch wenn wir wissen, dass es nur eine Simulation ist …

Auch wenn wir wissen, dass eingekochte Erdbeermarmelade nicht wirklich knallrot ist, so bestehen wir genau auf dieser Farbe.

Und das, worauf wir bestehen, das erwarten wir auch zu bekommen …

Wir erwarten, hier eine möglichst realistische Abbildung der Wirklichkeit zu bekommen …

Vergangenheit oder Gegenwart ?

Jede Simulation hat ihre Grenzen. Es gibt immer etwas, das nicht simuliert werden kann. Und dazu gehört die lebendige Gegenwart in Echtzeit …

Die Wahrheit kann nicht simuliert werden !

Und jetzt hol' mal tief Luft …

Wir leben hier nicht in der Gegenwart.
Wir leben in der Vergangenheit.

Es mag verstörend klingen, dass wir nicht in der Gegenwart leben, sondern in der Vergangenheit verweilen – wenngleich wir diese Vergangenheit als Gegenwart bezeichnen. Doch ändert diese Bezeichnung nichts an der Tatsache.

Wir leben in der Vergangenheit, weil die lebendige Gegenwart nicht simuliert werden kann !

Wir leben in der Vergangenheit und zerbrechen uns permanent den Kopf über die bereits abgeschlossene Vergangenheit.

Alles, was nicht gerade jetzt ist, gehört in den Bereich der abgeschlossenen Vergangenheit.

Doch ist dieses »Jetzt« hier nicht
das **GEGENWART-JETZT** …

Wenn wir von "**Hier und Jetzt**" reden, dann bezieht sich das auf die Gegenwart hier, die in Wahrheit **schon** Vergangenheit ist !

Warum leben wir in der Vergangenheit?

Wir sitzen hier in einer Evolutionären Zwischenstation, wie in einer Train-Station fest, weil die Irrtümer in uns noch nicht erkannt und aufgelöst sind …

Und solange das noch nicht geschehen ist, sind wir noch nicht auf die lebendige Gegenwart vorbereitet.

Wir leben hier in der Vergangenheit, solange wir noch nicht für die Gegenwart vorbereitet sind.

Und deshalb geht es vor allem darum, diese **Vorbereitung** hier und jetzt abzuschliessen …

Solange wir also noch in der Vergangenheit verweilen, sind wir in unseren Möglichkeiten begrenzt - und aufgrund dieser Begrenzung wissen wir von der wahren Gegenwart so gut wie nichts.

Also sollten wir uns jetzt mit den Irrtümern befassen, die uns in der Vergangenheit halten - auf dass diese Irrtümer aufgelöst werden können, und wir die Gegenwart erleben können …

Unsere Zukunft ...

Wir korrigieren Irrtümer in der Vergangenheit, damit wir noch eine Zukunft haben.

Warum ist die Zukunft so bedeutsam, wenn wir sie doch noch gar nicht kennen?

Weil die Gegenwart aus der Zukunft entsteht – und nicht aus der Vergangenheit !

Und warum wissen wir davon nichts?

Weil wir nicht in der Gegenwart leben, sondern in der Vergangenheit verweilen, an die wir quasi gebunden sind, solange noch nicht alle Irrtümer in uns erkannt und aufgelöst sind.

Wenn wir uns hier erinnern, dann blicken wir nicht aus der Gegenwart, sondern aus der Vergangenheit in die bereits abgeschlossene Vergangenheit zurück ...

Jeder kennt diese Rückblicke – z.B. als »REVIVALS«, bei denen es um die Glorifizierung der Vergangenheit geht …

»Die Goldenen 80er !«

Wir erinnern uns gerne an die Zeiten zurück, wo uns alles noch als heil erschien und wir uns für frei hielten …

Und warum?

Weil wir die Limitierung damals nicht wahrgenommen haben, dachten wir, dass uns alles möglich sei - und blicken daher verzückt auf diese Zeiten zurück.

Wir flüchten in der Erinnerung in alte Zeiten zurück, in denen wir uns alles Mögliche eingeredet und vorgemacht haben - nach dem Motto: „Nostalgie verlass' mich nie!"

Doch darum geht es jetzt nicht – und darum ging es auch nie.

Es geht darum, dass wir jetzt die Chance nutzen, unsere Vorbereitung hier in der Vergangenheit abzuschliessen, um endlich in der Gegenwart anzukommen …

Die Gabe der Erinnerung

Vielen Menschen ist nicht bewusst, dass die Fähigkeit, sich zu erinnern, eine ganz besondere Gabe ist, weil wir uns in der lebendigen Gegenwart nicht zu erinnern brauchen!

Die Gabe zur Erinnerung braucht es in der Vergangenheit, um über die bereits abgeschlossene Vergangenheit etwas zu erkennen …

Manchmal wünschen wir, wir könnten uns noch an mehr erinnern, und manchmal wünschen wir uns, dass wir das, woran wir uns erinnern, lieber vergessen würden.

Und so betrachten viele Menschen die Fähigkeit zur Erinnerung manchmal als Gabe – und manchmal als Fluch.

Wir erinnern uns gern an Positives zurück, und verdrängen eher das Negative.

Das ist durchaus verständlich, aber nicht besonders hilfreich, weil es hier um das Erkennen von Irrtümern geht - und solange wir Unliebsames ignorieren, ausblenden oder verdrängen, machen wir die Irrtümer dahinter für unsere Wahrnehmung unsichtbar.

Solange wir das schützen, was uns hier blockiert und limitiert, kommen wir in unserer Entwicklung nicht voran – und folglich verändert sich nicht wirklich etwas für uns.

Die Erinnerung ist uns nicht dazu gegeben, um die Vergangenheit rückwirkend zu glorifizieren, sondern um ein Angst-Trauma aufzulösen, das unsichtbar mit Irrtümern verschränkt ist.

Das Trauma selbst können wir nicht erkennen, denn es ist **der Blinde Fleck** in unserem Bewusstsein – wohl aber können wir die Irrtümer erkennen, die dieses Trauma in uns hervorgebracht haben.

Bei anderen Menschen fallen uns Widersprüche und Irrtümer sehr viel schneller auf, als bei uns selbst – weshalb uns andere Menschen auch als Spiegel zur Selbsterkenntnis dienen …

Selbst-Bewusstwerdung ist im Miteinander sehr viel effizienter, als im stillen Kämmerlein – sofern wir auch die Bereitschaft haben, uns Widersprüche bei uns selbst anzuschauen – anstatt sie nur bei anderen zu suchen …

Die ewige Suche ...

Solange wir keine Antworten auf unsere Fragen bekommen, die diese Fragen in uns endgültig auflösen, sind wir weiterhin auf der Suche – auf der ewigen Suche nach uns Selbst ...

Wir haben die besondere Fähigkeit zur Erinnerung, um Irrtümer zu erkennen, die uns blockieren und limitieren. Und deshalb verändert sich für uns auch nichts grossartig hier, solange wir gewisse Irrtümer noch nicht erkannt haben ...

Wir erinnern uns, um in der Vergangenheit nach Ursachen, Gründen und Erklärungen zu suchen ...

Wir durchforsten die Vergangenheit nach Widersprüchen, die sich als Brüche in unserem Verhalten – ebenso wie im Verhalten anderer – gezeigt haben.

Wir erinnern uns an Ereignisse, denen wir eine gewisse Bedeutung zuschreiben – ob positiv oder negativ –, aber tatsächlich erinnern wir uns an alles, was durch entsprechende Irrtümer belastet ist, denn sonst könnten wir diese Irrtümer niemals erkennen …

Und deshalb sind nicht die Irrtümer von Bedeutung, sondern lediglich das Erkennen des Irrtums !

Wäre uns klar, dass es sich um Irrtümer handelt, dann bliebe uns viel Stress und Leid hier erspart.

Doch sind diese Irrtümer unsichtbar verschränkt, sodass wir sie nicht für Irrtümer halten, sondern für die Wahrheit – und sie deshalb sogar noch schützen, vor anderen rechtfertigen und verteidigen …

Magic World

Wir sind Gäste in einer Magischen Welt, der wir logische Strukturen aufgesetzt haben.

Auch wenn wir diese Magie ignorieren, so verhalten wir uns Menschen bekanntlich alles andere als rational.

Wir machen auf ‚rational' in einer Magischen Welt. Und damit ist der Konflikt schon vorprogrammiert, weil eine Magische Welt nicht auf unsere Verstandeslogik reagiert …

„Erstens kommt es anders,
und zweitens als wir denken!"

Wer kennt das nicht?

Magie folgt immer der **Freiwilligkeit** – und entzieht sich jeglicher Kontrolle und jeglichem Zwang.

Logisches Denken basiert auf Berechnung, Kontrolle und Erwartung.

Eine Magische Welt folgt immer der Höheren Ordnung, sonst verliert sie ihre Magie.

Die Magischen Welten wissen sich vor der Ignoranz der Menschen zu schützen.

Jedoch haben Kinder und Jugendliche oftmals noch einen Zugang zu den Magischen Welten, weil sie noch nicht in der harten Abweichung sind.

Denn Kinder würden gewisse Dinge von sich aus nie tun, wenn die Erwachsenen sie nicht einfordern oder erzwingen würden.

Was lehrt uns die Erfahrung hier?

Wir können die Magie nicht vorausberechnen.

Es geschieht, wenn es geschieht ...

Die Übernahme des Verstandes ...

Wir können uns nicht wünschen, dass es für uns anders läuft als in der Vergangenheit, wenn wir weiterhin auf alten Vorstellungen und Überzeugungen bestehen.

Unser Verstand hat längst das Ruder übernommen – und deshalb ist es unumgänglich, dass der Verstand wieder in seine Schranken verwiesen wird.

Wir sollten dem Verstand nicht alles erlauben – und auch nicht alles glauben.

Der Verstand hat mittlerweile die Kontrolle über unser Leben übernommen. Doch dazu war er nie gedacht.

**Wir brauchen viel weniger Kontrolle,
als wir denken !**

Im korrigierten und ausgeheilten Zustand regiert wieder das Herz, dessen Diener der Verstand ist – und nicht umgekehrt!

Vorteil »Logik« ?

Denken ist eine Schöpferische Gabe, denn das Denken gibt uns die Freiheit, zu unterscheiden und etwas anders zu betrachten ...

**Das Denken gibt uns die Freiheit,
die uns das Bestehen auf der Logik
wieder nimmt.**

Denn wir benutzen die Logik zur Berechnung – und zwar als **Ersatz** für die Wahrheit.

Und so wird die Schöpferische Gabe des Denkens durch das Bestehen auf der Logik zur **Limitierung**.

**Denn die Wahrheit
kann durch nichts ersetzt werden.**

Wir können die Schöpferischen Fähigkeiten, die schon in uns angelegt sind, nicht wirklich durch Technik ersetzen – was es auch gar nicht braucht ...

Logisches Denken, das auf Berechnung basiert, ist Verzögerung. Und insofern ist logisches Denken auch Verzögerung.

Wir leben hier in einer Magischen Welt.

Dennoch erscheint es uns nicht so, weil wir uns als Gäste hier diese Magische Welt rational eingerichtet und unseren Focus auf die Technik verschoben haben …

Und was hat uns die Technik gebracht?

Kontrolle, Abhängigkeit und Zerstörung.

Was bringt uns eine Magische Welt?

Freude, Staunen und Begeisterung …

Denn in einer Magischen Welt gibt es keine Verzögerung.

Alles geschieht unmittelbar.

Die Falle der Logik

Im Prozess unserer Selbst-Bewusstwerdung haben wir es hier jedoch auch mit Täuschungen und Fallen zu tun, die diesen heilsamen Prozess stark verzögern oder sogar blockieren, bis nichts mehr geht …

Eine der grossen Täuschungen dabei ist die Falle der Logik, die wir keineswegs als Falle betrachten, sondern üblicher Weise als hilfreiches Instrument zum Erkennen der Wahrheit …

Der Verstand ist jedoch kein Ersatz für die Wahrheit, weil die Wahrheit durch nichts ersetzt werden kann.

Der Verstand ist nur ein stumpfes Werkzeug im Prozess der Selbsterkenntnis. Mit unserer Verstandeslogik sind wir nicht in der Lage, unsichtbare Täuschungen und perfide Irrtümer überhaupt zu erkennen.

Solange wir überwiegend der Ratio des Verstandes folgen, unterscheiden wir nur auf der Grundlage von »richtig oder falsch« – und entsprechend entscheiden wir uns …

Wir halten das Gegenteil von »falsch« für »richtig« – und begnügen uns mit »richtig«, weil wir »richtig« schon für wahr halten.

Doch was für eine Wahrheit soll das denn sein?

Unser Verstand verknüpft und selektiert logisch auf der operativen Grundlage von »plus oder minus« bzw. von »richtig oder falsch« ...

"Entweder ist etwas richtig oder falsch !?"

Und das, was wir für richtig halten, das verbuchen wir innerlich **unbedenklich** auch schon als wahr ...

Auch wenn uns etwas als logisch-richtig oder plausibel erscheinen mag, so hat es dennoch keine Aussage darüber, ob es auch wahr ist.

richtig – oder wahr ?

Und üblicher Weise unterscheiden wir das nicht. Wir fragen uns nicht, ob etwas wahr ist, sondern begnügen uns damit, dass es uns als wahr erscheint — und darauf bestehen wir dann auch noch vehement und schützen es, als wäre es "unsere" Wahrheit.

Um uns optimal entscheiden zu können, fehlt uns der Bezug zur Wahrheit, den der Verstand jedoch nicht ersetzen kann.

Wie sollen wir sicher wissen, was richtig ist, wenn wir nicht wissen, was wahr ist?

Denn wenn wir wüssten, was wahr ist, dann bräuchten wir uns ja nicht mehr zu ent-scheiden, sondern könnten schon frei wählen ...

Wenn wir der logischen Betrachtung des Verstandes glauben, dann täuschen wir uns – und die Entscheidungen, die wir dann treffen, werden nicht zu dem Ergebnis führen, das wir uns wünschen …

Und das verunsichert uns dann – und lässt uns wieder an allem zweifeln …

Richtig oder Wahr ?

Aufgrund unserer Einschränkung durch den Verstand sind wir kaum in der Lage, perfide Täuschungen und Irrtümer zu erkennen, denn dazu fehlt uns die Verbindung zur Wahrheit …

Diese fehlende Verbindung wiederherzustellen, sodass wir den Irrtum jetzt erkennen können, ist genau das, worum es in dieser Evolution geht - und wozu wir genau jetzt hier an diesem Ort sind …

Und die gute Nachricht lautet:

Noch nie war das Erkennen des Irrtums so einfach wie jetzt, weil wir schon immun sind gegenüber vielen Täuschungen …

Und deshalb sollten wir die Chance zur Selbsterkenntnis jetzt auch nutzen, anstatt weiterhin etwas zu schützen, das wir bislang für ”unsere Wahrheit” gehalten haben …

Wir sollten diese Chance nicht ignorieren – nur um die damit verbundene Herausforderung zu vermeiden.

Ignoranz schützt uns nicht vor dem Erkennen !

Wir können uns hier einreden, was wir wollen - aber am Ende gewinnt doch immer die Wahrheit!

Willkommen im Abenteuer der **Selbsterkenntnis** ...

Die Falle des Zweifelns

Der grösste Widerstand in uns ist der Zweifel, den wir schon aus der Vergangenheit mitgebracht haben.

Und warum?

Weil uns der Zweifel das SelbstVertrauen nimmt — und uns damit von der Wahrheit trennt …

Deshalb wird der Zweifel auch als "der grosse Spalter" bezeichnet, der uns in die Irre leitet — wie ein falsches Leuchtfeuer auf Hoher See, dem wir folgen …

Wir zweifeln nie nur an einem, sondern immer an allem – vor allem an uns selbst –, weil der Zweifel in uns alles entwertet, bis nichts mehr übrig bleibt – und uns irgendwann alles als sinnlos erscheint.

Der Zweifel ist wie ein mentaler Virus, der insbesondere im Westen nicht verdächtigt, sondern geradezu kultiviert wird. Unter dem Deckmantel »kritisches Denken« oder »konstruktiver Zweifel« wird jungen Menschen das Zweifeln sogar noch als Ideal verkauft …

Und so trennt uns der Zweifel, der längst unser Denken instrumentalisiert hat, immer mehr von uns **Selbst** – und folglich auch von allen anderen …

Zweifeln & Zögern

Darüberhinaus ist der Zweifel unsichtbar mit dem Zögern verschränkt. Wir zögern, wenn es darauf ankommt, weil wir zweifeln. Denn wir sind uns nicht sicher!

Wir merken meist erst hinterher, wie wir uns in einer Situation anders verhalten hätten können, oder was wir anders hätten machen können - und das frustriert uns.

Wir haben gezögert, das zu tun, was uns entspricht, weil wir gezweifelt haben. Und genau genommen, haben wir nicht gezweifelt, weil wir gar nicht zu zweifeln brauchen, da der Zweifel schon in uns ist …

Selbstzweifel & Zögern

Da wir vor allem an uns selbst zweifeln, zögern wir, wenn es darauf ankommt - und hinterher verurteilen wir uns dafür wieder!

Da unser Denken von dem mentalen Virus des Zweifels befallen und instrumentalisiert wurde, zögern wir schon, sobald wir über etwas nachdenken …

Wenn wir denken, dann kommt der Zweifel in uns hoch, der das, was uns gerade als stimmig oder freudvoll erscheint, augenblicklich wieder entwertet …

Der Zweifel entwertet nicht nur etwas, sondern immer alles - und greift dauerhaft unsere Lebensfreude an!

Der Zweifel ist der unsichtbare Feind in uns, der uns zögern lässt, wenn es gerade darauf ankommt, eine Chance zu nutzen …

Der Selbst-Zweifel ist nicht nur die grösste Falle in uns, sondern auch die grösste Limitierung für uns …

Nichts begrenzt uns mehr als der Selbst-Zweifel, der uns zögern lässt, wenn es darum geht, eine Chance zu ergreifen.

Solange der Selbst-Zweifel in uns noch nicht aufgelöst ist, sind wir im Widerstand gegen alles, was das Leben lebenswert macht. Und dieser Widerstand, der sich zuallererst gegen uns selbst richtet, erzeugt in uns einen dauerhaften Konflikt, der sich als unterschwelliger Stress äussert und die Freude verdrängt.

Irgendwann sind wir so frustriert, dass wir uns auf nichts mehr einlassen, nichts Neues mehr wagen - und nur noch verbittert gegen alles sind.

So weit braucht es aber gar nicht erst zu kommen, wenn wir den Zweifel in uns tief genug verdächtigen und nicht mehr zulassen, dass er in unser Denken reingrätscht …

Und das ist nur möglich, wenn wir den Verstand wieder auf den Beifahrersitz verweisen, wo er hingehört - und nicht auf den Fahrersitz!

Ohne Weg ans Ziel (1)

Der Zweifel bringt uns zum Zögern – und das Zögern bewirkt eine Verzögerung. Und diese Verzögerung bewirkt die Vorstellung von »Weg« in uns.

In der Unmittelbarkeit der Wahrheit gibt es keine Verzögerung !

Und in diesem Sinne ist auch der Titel »Ohne Weg ans Ziel« zu verstehen, denn es braucht keine Verzögerung, um ans Ziel zu gelangen – was mit Verzögerung auch gar nicht möglich ist.

Denn es geht immer darum, **ohne zu zögern**, empathisch und mitfühlend zu reagieren …

Kontrolle oder Vertrauen ?

Solange wir zweifeln, vertrauen wir nur dem, was wir sehen.

Doch sehen wir nicht alles, weil unsere SinnesWahrnehmung begrenzt ist — und unser Verstand stark selektiert ...

Wenn wir also nur dem vertrauen, was wir sehen, dann glauben wir dem Widerstand im Äusseren — und reagieren entsprechend darauf, um den Widerstand zu vermeiden ...

So ernährt sich der Widerstand von unserer Aufmerksamkeit, denn Energie fliesst immer dorthin, worauf sich unsere Aufmerksamkeit richtet ...

Solange wir noch dem Widerstand glauben, sind wir nicht im Vertrauen !

Und ohne SelbstVertrauen sind wir Sklaven "unserer" Vorstellungen, Überzeugungen und Erwartungen ...

Wir erwarten dann hier nichts Gutes und Aussergewöhnliches !

Und wenn sich dann diese unsichtbaren Erwartungen erfüllen, dann sehen wir darin die Bestätigung unserer Überzeugungen — und halten sie noch mehr für wahr.

Dieses Prinzip der sich selbst erfüllenden Erwartung durch die Erfahrung wird hier als ”Self-fulfilling Belief" bezeichnet.

Wir bauen auf Kontrolle statt auf Vertrauen, weil uns Vertrauen als Risiko erscheint ...

Vertrauen fällt niemals negativ auf uns zurück — Kontrolle schon!

Und warum?

Weil Kontrolle erzwingt und einfordert — und damit anderen die Freiwilligkeit nimmt — und sie damit in ihrer Freiheit einschränkt, etwas anders zu betrachten, anders zu machen und sich anders zu verhalten!

Kontrolle setzt andere unter Druck und schränkt sie in ihrer Entwicklung ein — und das hat immer einen Bumerang—Effekt ...

Und noch etwas ...

Wir sollten Kontrolle nicht rechtfertigen mit **Vorsorge**, weil uns Kontrolle nicht schützt — auch wenn es uns hier so erscheinen mag!

Vorsorge richtet sich an unsere Achtsamkeit — nicht auf Ignoranz und Kontrolle. Denn auf Kontrolle bauen wir nur dort, wo wir etwas ignorieren. Und was ignorieren wir noch?

Immer das, was schon ist.

Wirklich unsere Überzeugungen ?

Doch ist es nicht nur der vom Zweifel einvernommene Verstand, der uns zweifeln und zögern lässt, sondern auch abgespeicherte Überzeugungen in uns …

Das, was wir mal für wahr abgespeichert haben, das halten wir unbedenklich auch für die Wahrheit - ohne es zu hinterfragen.

Diese in uns abgespeicherten Überzeugungen sind die Grundlage unserer Entscheidungen und unseres Verhaltens.

Was, wenn diese Überzeugungen aber nicht wahr sind - was sie schon deshalb nicht sind, weil die Wahrheit keine Überzeugung ist.

Und dann können unsere Entscheidungen, die wir für richtig halten, auch nicht wahr sein.

Woher kommen dann unsere Überzeugungen?

Seltenst aus eigener Erfahrung, sondern wir übernehmen Überzeugungen von anderen – und das von kleinauf – und oftmals nicht freiwillig!

Denn abgewichen von der Wahrheit sind wir überaus anfällig für falsche Überzeugungen, die gar nicht zu uns gehören, weil sie einfach nicht wahr sind. Denn alles, was nicht wahr ist, gehört nicht zu uns …

it's not me !
das entspricht mir nicht !

Um herauszufinden, was zu uns gehört, kommen wir jedoch nicht daran vorbei, von allem loszulassen, was **nicht** zu uns gehört …

Das Konzept der Schuld

Die Überzeugung, die uns am meisten an uns selbst zweifeln lässt, ist das Konzept der Schuld.

Wir versuchen, alles zu tun, um uns nicht schuldig zu "fühlen", damit wir uns selbst nicht noch mehr verurteilen …

Schuld ist kein Gefühl,
sondern eine Emotion !

Im Unterschied zu Gefühlen sind Emotionen immer unsichtbar mit der Angst verschränkt. Und da Angst immer mit Verlust verschränkt ist, sind Emotionen immer mit Verlust-Angst verschränkt.

Hinter der Emotion »Schuld« ist die Angst davor, unsere Zugehörigkeit zu verlieren.

Bei diesem emotionalen Angst-Konstrukt geht es nicht darum, herauszufinden, wer etwas getan hat oder nicht, sondern es geht um **Emotionalisierung** …

Emotionen sind im Unterschied zu Gefühlen Angst-Konstrukte, die uns aus unserer goldenen Mitte werfen (e-motion).

Angst, Wut, Zorn und Hass sind Emotionen – hingegen gehören das Mitgefühl, die Empathie, die Freude und die Liebe in den Bereich der Gefühle, die mit unserem Herzen verbunden sind.

Bei der Emotion »**Schuld**« geht es also nicht um die Klärung einer Schuldfrage, sondern um **Emotionalisierung** & **Re-Traumatisierung** …

Warum um Re-Traumatisierung?

Weil es nicht erst einen Anlass dazu braucht, damit die Emotion »Schuld« in uns aufsteigt, da die Überzeugung, schuldig zu sein, schon in uns ist …

Wir sehen uns schon als „Verstossene und Vergessene“, weil wir jetzt nicht dort sind, wo wir eigentlich hingehören, sondern hier auf der Erde, wo wir gar nicht hingehören!

Und als Erklärung für dieses Dilemma wird seit Urzeiten das manipulative Konzept der »Schuld und Sühne« benutzt …

Wenn wir also hier für etwas schuldig gemacht werden, dann wird sofort dieses Trauma von ***»Lost and Forgotten«*** aktiviert und damit steigt in uns sofort die Angst hoch, **unsere Zugehörigkeit** zu verlieren …

Und deshalb tun wir alles, um nicht schuldig zu sein, schieben Fehler auf andere, ignorieren unseren eigenen Anteil - und wenn das auch nichts hilft, dann leugnen wir oder behaupten, uns an nichts mehr zu erinnern!

Dieser Umgang mit dem emotionalen Angst-Konstrukt der Schuld ist jedoch wenig hilfreich, weil wir dadurch das Trauma dahinter für unsere eigene Wahrnehmung unsichtbar machen.

Und dadurch sind wir im Prozess unserer Selbst-Erkenntnis begrenzt und damit in unserer Entwicklung limitiert – und das hat Auswirkungen auf unser Leben, die wir ganz sicher nicht wollen.

Nicht Schuldig !

Schuld ist kein Konzept aus der Wahrheit, sondern ein emotionales Angst-Konstrukt, das aus dem Zweifel hervorgegangen ist – und schon in Alten Zeiten als Pauschal-Erklärung für alles benutzt wurde.

In scheinbar ausweglosen Situationen ist guter Rat teuer – insbesondere, wenn es keinen gibt!

Und dann erscheint uns jede Erklärung besser zu sein als keine !

Wir haben das Konzept der Schuld als Überzeugung von kleinauf übertragen bekommen und für uns übernommen – weshalb wir es als solches nicht tief genug verdächtigen – und sogar für wahr halten.

Wir haben keine Antworten auf unsere Sinnfragen:

„Wozu bin ich wirklich hier?
Was soll das Ganze?
Und was hat das alles mit mir zu tun?“

Um etwaigen religiösen Ideologien gleich mal vorzubeugen, so sei Dir versichert, dass Dein Hiersein nichts mit *»**Schuld und Sühne**«* zu tun hat – und auch nicht mit *»**Bad Karma**«* !

Diese uralten Angst-Konzepte wurden in der Vergangenheit nur dazu benutzt, um uns zu unterwerfen – auf dass wir unsere Bestrafung als gerechtfertigt hinnehmen.

Warum glauben wir dennoch diesen falschen Ideologien, die sich gegen unsere **Menschlichkeit** richten, so unbedenklich?

Einerseits, weil wir sie von kleinauf eingetrichtert bekommen, und andererseits, weil uns die Wahrheit nicht zugänglich ist. Und dann ist uns eine falsche Erklärung immer noch lieber als gar keine Erklärung.

„Alles, bloss nicht die Wahrheit !"

Und mit diesem Ballast der Irrtümer im Gepäck können wir nicht in das Gelobte Land der Gegenwart hinübergehen, sondern bleiben an der Vergangenheit gebunden – und zwar durch den Kreislauf der Wiedergeburt. Denn traumatische Ereignisse ziehen uns immer wieder in den Sog der Vergangenheit zurück.

Ohne Hilfe kommen wir einfach nicht los davon – und nicht raus aus diesem Kreislauf …

Das Verursacher-Prinzip

Etwas, das definitiv nicht zu uns gehört, ist also das emotionale Angst-Konstrukt der Schuld, das wir als Überzeugung — individuell wie kollektiv — verinnerlicht haben und das uns das UrVertrauen genommen hat.

Schuld ist kein Konzept aus der Wahrheit !

In der Wahrheit gibt es nur das »Verursacher-Prinzip«, d.h. es wird so betrachtet, ob jemand Schaden für andere **absichtlich** verursacht hat — und wenn nicht, ob überhaupt die Möglichkeit bestanden hat, diesen Schaden zu vermeiden ...

Die Gerechtigkeit ist ein Schöpferisches Ideal, das sich unsichtbar auf alles auswirkt — auch wenn es uns nicht immer so erscheinen mag. Doch sollten wir deshalb nicht daran zweifeln!

Jemand, der Schaden für andere beabsichtigt oder billigend in Kauf nimmt oder nicht verhindert, sofern er es könnte, hat ausnahmslos mit entsprechenden Auswirkungen zu rechnen — wenngleich diese Auswirkungen ihn verzögert treffen können …

Und diese Verzögerung lässt manche wiederum an dem **Hohen Ideal der Gerechtigkeit** zweifeln ...

Zu interpretieren, dass so ein Verhalten für den Verursacher keine Auswirkungen habe, ist Ausdruck von Blindheit.

Wer anderen schadet,
schadet sich selbst damit !

DOS AND DONTS !

In Seiner Schöpfung ist alles immer **freiwillig**. Daher gibt es keine Verbote!

Aufgrund Seiner Bedingungslosen Liebe gibt es aber **»DOS AND DONTS«** – also Empfehlungen, was wir beachten und was wir besser vermeiden sollten, um Schaden für andere – und damit für uns selbst zu vermeiden …

**WAHRE LIEBE
IST IMMER VORBEUGEND …**

Und deswegen gilt der präventive Grundsatz:

SAFETY FIRST !

Zu den **DONTS** gehört insbesondere das Ignorieren des Falschen – denn das Falsche zu ignorieren bedeutet, dem Falschen zustimmen!

Ignoranz

Verständlich, dass wir gerne dies oder jenes tun würden – aber dabei lassen wir oftmals aussen vor, dass wir darauf noch nicht entsprechend **vorbereitet** sind …

Solange wir das Falsche also noch ignorieren oder nicht tief genug verdächtigen, wird der Zweifel in uns greifen und das erwünschte Ergebnis wieder verhindern …

<u>Noch ein Hinweis dazu </u>:

Wenn Du gewisse **DONTS** nicht beachtest, dann greifst Du dadurch nicht andere an, sondern **Dich** – nur weisst Du das noch nicht !

Und deshalb besteht das Ziel Deiner Vorbereitung jetzt darin, dass **vorher** jeglicher Selbst-Zweifel in Dir vollständig aufgelöst wird – denn der Zweifel ist der grosse **unsichtbare Feind** in Dir!

Und deshalb geht es jetzt nicht nur darum, Irrtümer, die wir bislang für wahr gehalten haben, zu erkennen, sondern selbige auch tief genug zu durchschauen und zu verdächtigen ...

Ignorieren ist jedoch genau das Gegenteil davon – nämlich das Falsche weiterhin zu schützen und vor uns selbst und anderen unsichtbar zu machen.

Und genau das solltest Du nicht tun !

Denn das limitiert Dich und steht Deinem evolutionären Weiterkommen hier im Weg.

Die Erwartungsfalle …

Hinter jeder Erwartung steht die Überzeugung, dass noch etwas fehlt – denn sonst würden wir es nicht erwarten.

Wenn nichts fehlt,
dann gibt es keine Erwartung.

Es erscheint uns oftmals so, als würde noch etwas fehlen …

Und dieses Fehlen erzeugt in uns eine Erwartung – und zwar in Form des Gedankens, dass es noch etwas brauche …

Die Vorstellung von **FEHLEN** ist unsichtbar mit dem **BRAUCHEN** verschränkt.

FEHLEN & BRAUCHEN

IN DER WAHRHEIT FEHLT NICHTS – NUR IN DER ERSCHEINUNG !

Weil in der Wahrheit nichts fehlt, kann das Fehlen in der Erscheinung auch nicht bestätigt werden, denn die Wahrheit bestätigt nicht die Illusion.

Merkhilfe zur Falle des Fehlens :

**Wenn nichts fehlt,
dann braucht es auch nichts.**

Die (negative) Erwartung ist die Auswirkung der Überzeugung, dass noch etwas fehle …

Was, wenn gar nichts fehlt ?

Dann ist diese Überzeugung als **falsch** entlarvt!

Wenn wir erkennen, dass nichts mehr zu unserem Glück fehlt, weil alles schon gegeben ist, dann braucht es auch nichts mehr – und plötzlich hört das Hamster-Rad auf, sich zu drehen.

STILLSTAND

Dann sind wir nicht mehr Sklaven der Vorstellungen. Dann sind wir keine Getriebenen mehr!

Durch die Erwartungen der Eltern und Lehrer von kleinauf, die wir gar nicht erfüllen konnten, ist in uns die Überzeugung entstanden, dass immer noch etwas fehle – weshalb wir das Fehlen als Illusion und Falle nicht verdächtigen.

Aus dieser Überzeugung, dass immer noch etwas fehle, entsteht die noch viel negativere Überzeugung – nämlich, dass **wir** der Fehler sind!

Und ab dann nehmen wir unsere Ent-Rechtung und Ent-Würdigung als scheinbar gerechte Bestrafung hin …

„Du hast ***kein Recht*** *zu nichts,*
weil Du zu nichts taugst!“

Und ab dann unterwerfen wir uns ihren Vorstellungen, die gar nicht zu uns gehören …

Wenn wir also versuchen, ***IHRE*** Überzeugungen zu leben, dann können wir damit schlussendlich nur scheitern, denn es sind ja nicht unsere Überzeugungen.

Wir können nicht ein anderes Leben leben,
sondern immer nur unser eigenes !

Welches Menschen-Bild ?

Wir betrachten uns grundsätzlich falsch, denn **wir sind kein Fehler oder Irrtum** der Schöpfung, sondern Lichtwesen in humanoider Hülle auf unserem Weg zur **VOLLENDUNG** ...

Wir sind spirituelle Wesen, die menschliche Erfahrungen machen wollen – und dazu braucht es nun mal die menschliche Hülle.

Spiritualität und Mensch-Sein werden hier in dieser Welt wie eine Ausschliesslichkeit betrachtet und behandelt – entweder bist Du spirituell, oder Du bist "nur" ein Mensch.

Solange wir **MENSCH SEIN** jedoch abwerten, unterschätzen wir auch das spirituelle Ziel – und das hat Auswirkungen auf unser Leben, die wir gar nicht wollen ...

In Wahrheit schliesst Spiritualität Mensch-Sein nicht aus, sondern ein.

**Freude, Erfüllung und Glück zu erleben,
ist Dein gutes Recht als Mensch !**

Benachteiligt, wirklich ?

Das negative Vergleichen mit anderen erzeugt in uns die Vorstellung, benachteiligt zu sein, weil bei uns etwas nicht so ist wie bei anderen. Dadurch empfinden wir uns als benachteiligt …

Das Fehlen erzeugt also in uns die Vorstellung, benachteiligt zu sein – und ab dann wird diese Vorstellung durch endlose Wiederholungen in der Erfahrung verstärkt, bis sie zur festen Überzeugung wird, von der uns nichts mehr abbringen kann …

Und ab dann verdächtigen wir auch nicht mehr den Neid auf alle, die es einfacher haben und denen es besser ergeht …

Und Neid nimmt uns und anderen die Freude am Leben – und dadurch erleben wir dann auch keine Freude, keine Erfüllung und auch kein Glück.

Wir sehen uns als benachteiligt – und damit als das Opfer der Schöpfung. Und sehr viel grösser kann ein Irrtum nicht mehr sein !

Sinnlos ?

Und deshalb erscheint vielen Menschen das, was sie tun, als sinnlos – und damit ihr Leben als bedeutungslos. Das demotiviert und frustriert ungemein.

Woher kommt dann dieses Unbehagen, dass eh alles keinen Sinn macht – und damit auch das eigene Leben nicht?

Sinnlosigkeit ist kein Gefühl, sondern eine Emotion, die uns aus unserer Mitte wirft – und damit ein Ungleichgewicht in uns erzeugt.

Sinnlosigkeit
ist ein emotionales Angst-Konstrukt.

In Wahrheit gibt es keine Sinnlosigkeit – und dennoch erscheint es uns so, weil unser Intellekt uns Vorstellungen eingibt, die uns etwas als sinnlos erscheinen lassen.

Wenn wir das Ziel nicht kennen – und daher nicht wissen, worum es hier wirklich geht und wozu etwas geschieht – oder auch nicht geschieht –, dann erscheint uns irgendwann das, was wir tun, als bedeutungslos – und das eigene Leben als sinnlos.

Die Vorstellung, dass Dein Leben hier sinnlos sei, ist nur eine Illusion, die sich jedoch sehr realistisch ”anfühlen” kann – wie jede Angst-Emotion.

Und deshalb ist es für **Dein Seelenheil** hier sehr wichtig, dass Du auf diese Illusion nicht hereinfällst – denn es ist eine Falle!

Die Schleife der Wiederholungen

Wir bekommen aus dem Rückblick in die bereits abgeschlossene Vergangenheit hier nicht die Wahrheit zu sehen.

Wie sollen wir auch aus dem Dickicht all der Irrtümer, Täuschungen und Lügen hier jemals die Wahrheit für uns erkennen können?

Das permanente Beschäftigen mit der bereits abgeschlossenen Vergangenheit bringt uns hier und jetzt nicht weiter voran – und zwar schon deshalb nicht, weil das, was wir dort zu sehen bekommen, nicht die Wahrheit war.

Und deshalb bekommen wir aus der abgeschlossenen Vergangenheit nicht die Wahrheit zu sehen – weshalb wir daraus auch unseren Irrtum nicht erkennen können.

Und deshalb verwirrt uns die Rückschau eher, als dass sie uns nützt!

Wir würden noch ewig an der Vergangenheit hängen – und uns immer nur als »Opfer« der Umstände betrachten …

Was wir jedoch dadurch nicht erkennen, ist, worum es wirklich für uns geht – und worum es hier nie für uns ging!

Was sind Wiederholungen?

Endlose Bestätigungen des Irrtums !

Und dadurch ist ein Erkennen der Irrtümer für uns gar nicht möglich.

Erinnere Dich …

In der Lebendigkeit der Gegenwart
gibt es keine Wiederholungen.

ALLES IST JETZT

Vergangenheit adé !

Nur weil die Vergangenheit bereits abgeschlossen ist, war sie deshalb nicht unbedingt wahr.

Das Rumstöbern im Fundus der Vergangenheit hat Dich ja nicht finden lassen, wonach Du gesucht hast.

Und solange wir uns noch in der Schleife der Wiederholung befinden, bestätigt sich für uns hier immer nur das, was wir schon wissen.

Das, was wir hier Erkennen nennen,
ist nur ein Bestätigen dessen,
was wir schon wissen.

So ist kein wirklicher Fortschritt im Prozess unserer Selbst-Erkenntnis möglich.

Der Rückblick in die abgeschlossene Vergangenheit hat sich als **Limitierung** erwiesen – und damit hat die abgeschlossene Vergangenheit jetzt keine Bedeutung mehr für unseren Selbst-Erkenntnisprozess hier!

Wir brauchen also das, was war, jetzt nicht mehr zu schützen, zu rechtfertigen und zu verteidigen, sondern können endlich davon loslassen …

Und deshalb können wir von der abgeschlossenen Vergangenheit jetzt auch wieder loslassen – anstatt weiterhin daran anzuhaften, was uns nicht weiterbringt, weil es uns nur in der Schleife der Wiederholungen hält.

Schluss mit der Stagnation !

WILLKOMMEN IM JETZT

Und dieses **JETZT** verändert immer auch das **HIER** – weshalb sich alles hier unvermeidbar verändern wird …

Und warum?

**Weil sich nie nur etwas,
sondern sich immer alles verändert.**

Ich oder Selbst ?

Das Ich, mit dem wir uns hier identifizieren, ist nicht das Selbst – und diese Tatsache stellt eine grosse Herausforderung im Prozess der Selbst-Erkenntnis dar …

Identifizieren können wir uns grundsätzlich mit allem – wenngleich wir nicht alles sind, womit wir uns identifizieren.

Üblicher Weise halten wir uns für das, womit wir uns identifizieren – jedoch geht es nicht darum, wofür wir uns halten, sondern darum zu erkennen, was wir sind.

Also gilt es erstmal zu erkennen, was wir **nicht** sind …

Wir sind nicht das, wofür wir uns halten – denn halten tun wir uns nur für das, womit wir uns hier identifizieren …

Wir identifizieren uns mit einer Vorstellung von uns – genannt ”Identität”, die wir uns aus unserem biographischen Werdegang hier konstruiert haben – und zwar unter starker Einwirkung des sozialen und kulturellen Umfeldes, in dem wir aufgewachsen sind.

Die Wahrheit ist jedoch keine Vorstellung – weshalb wir uns mit der Wahrheit auch nicht identifizieren können !

”Unsere” Identität ist ein Vorstellungskonstrukt, mit dem wir uns stark identifizieren – und woran wir anhaften, weil wir es für *unsere* Wahrheit halten.

Die Minus-Identität

Und wodurch ist diese Identität entstanden?

Weil wir den Erwartungen der Eltern, der Lehrer, der Freunde, der Gesellschaft nicht genügt haben, haben wir das auf uns – und damit gegen uns bezogen:

„Wir genügen nicht !“

Und so entstand in uns die Vorstellung bzw. das Bild des Versagers oder Losers, das wir – immer wieder bestätigt durch unser Umfeld – irgendwann für wahr gehalten haben.

Und da wir damit nicht gut leben konnten, haben wir uns quasi zum Ausgleich ein **Hero-Bild** konstruiert, das das *Loser-Bild* unsichtbar machen sollte …

Doch handelt es sich dabei um eine grosse Falle, weil das Hero-Bild dennoch immer unsichtbar mit dem Loser-Bild verschränkt ist.

Wenn wir also dem Hero folgen, bestätigen wir zugleich den Loser in uns, den es in Wahrheit noch nicht mal gibt, weil es sich dabei nur um ein Bild handelt, das wir jedoch für wahr halten!

Wir sollten die Fähigkeit, uns identifizieren zu können, nicht dazu benutzen, um an Bildern anzuhaften, die uns im Prozess der Selbst-Erkenntnis blockieren.

Du bist nicht, was Du denkst !

Denn jedes Bild von Dir ist nicht die Wahrheit.

Hier hast Du die Chance herauszufinden, was Du bist, um schlussendlich zu erkennen, wer Du bist …

Es spricht also überhaupt nichts dagegen, sich zu identifizieren. Jedoch solltest Du nicht länger als unbedingt nötig an Vorstellungen von Dir anhaften, die Deine Selbst-Erkenntnis blockieren.

Wer oder was ?

Was wir sind, ergibt sich aus der evolutionären Stufe, auf der wir uns gerade befinden.

Wir durchlaufen diese Evolutionsstufen wie das Aufsteigen auf einer Leiter, um zu erkennen, **was** wir wirklich sind.

Doch **wer** wir sind – dieses Geheimnis offenbart sich uns erst ausserhalb der Evolution …

Bis dahin reicht es zu wissen, dass das, wofür wir uns halten, nicht unbedingt das ist, was wir sind.

Dazu ein kurzer Überblick über die Humanoiden Evolutionsstufen, die **für uns** hier von Bedeutung sind – die aber nicht als besser oder schlechter, sondern nur als »**anders**« zu verstehen sind …

Die Entwicklungsstufen innerhalb der Humanoiden Evolution ...

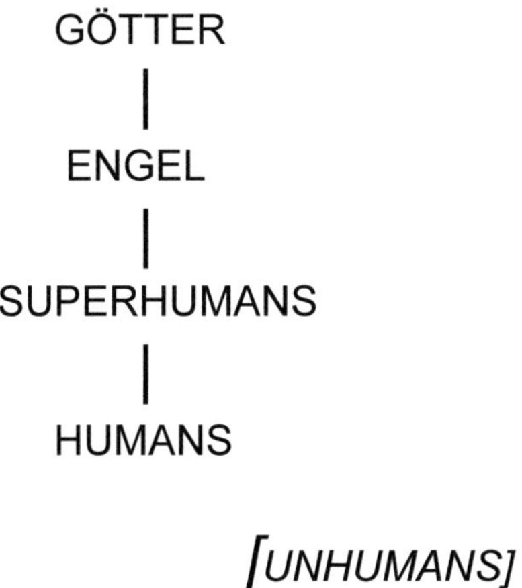

[UNHUMANS]

VON HUMAN ZU SUPERHUMAN

Der Grossteil dieser Menschheit befindet sich noch auf der Stufe »HUMANS« – wenngleich wir uns bereits im Übergang zur Stufe der »SUPERHUMANS« befinden …

Immer mehr hochbegabte Kinder und sogenannte Magicians demonstrieren ihre aussergewöhnlichen Fähigkeiten – jenseits unserer Vorstellungen.

Die Gesetze der mechanischen Physik gelten offensichtlich nicht mehr für sie, weil sie bereits die nächste Evolutionsstufe erreicht haben – und uns damit schon die Zukunft zeigen, die hier bereits auf uns wartet …

SUPERHUMANS

Angehaftet

Solange wir noch an unserer alten Identität anhaften, und von dem Versager-Bild in uns nicht losgelassen haben, sind wir noch nicht bereit für die nächste Evolutionsstufe, weil unsere **Vorbereitung** noch nicht abgeschlossen ist.

Noch zweifeln wir an uns selbst, lehnen uns selbst ab und sabotieren uns selbst …

Ohne freiwillige Ausrichtung auf das Höhere, kommen wir hier vom Falschen nicht los …

Alles in Ordnung ?

Damit wir im Kreislauf dieser Humanoiden Evolution überhaupt eine Chance haben, das Ziel zu erreichen, das wir mittlerweile schon vergessen haben, darf unser Weg nicht willkürlich oder chaotisch sein, sondern zielgerichtet …

Und deshalb unterliegt die Evolution als Teil der Schöpfung einer Ordnung, die für uns jedoch weitestgehend unsichtbar ist – was aber nicht bedeutet, dass es sie nicht gibt.

Je mehr wir von Seiner Wahrheit abweichen, desto mehr gerät unser Leben in Unordnung – und wir verlieren unser inneres Gleichgewicht.

Zum Leidwesen aller wird diese Höhere Ordnung permanent in Frage gestellt und hart angegriffen – und das hat Auswirkungen, die so niemals für uns vorgesehen waren.

Diese Welt scheint uns alles andere als in Ordnung zu sein – wenngleich es sie ohne das Einwirken dieser Höheren Ordnung schon gar nicht mehr gäbe.

Dennoch erscheint uns diese Welt als befremdlich, weil wir uns an die Abweichung von der Wahrheit niemals wirklich gewöhnen können.

Wir sind zwar nur Gäste im Hotel »Erde«, in das wir irgendwann einchecken und irgendwann auch wieder auschecken, aber das, was wir hier zu sehen bekommen, ist für uns sehr verstörend und auch oftmals traumatisch.

Und deshalb können wir uns kaum vorstellen, dass dahinter eine Höhere Ordnung wirken soll.

Nicht alles hier ist in Ordnung – und daher auch nicht in Übereinstimmung mit dieser Höheren Ordnung.

Und das verwirrt und verunsichert uns sehr …

Üblicher Weise ignorieren wir diese Höhere Ordnung und folgen der Devise:

„I do it my way!“

Dabei bedenken wir jedoch nicht, dass wir auch unseren Schutz verlieren, wenn wir von Seiner Wahrheit allzu sehr abweichen.

Freiwilligkeit

Das Vertrauen des Himmlischen Vaters in Seine Schöpfung drückt sich in der **Freiwilligkeit** aus, d.h. keiner wird zu etwas genötigt oder gezwungen …

alles immer freiwillig

In der Abweichung hier erscheint uns dieses **Hohe Ideal der Freiwilligkeit** als grosse Herausforderung, weil so gut wie kaum etwas hier auf Freiwilligkeit basiert …

Das Einzige, was wir hier "dürfen",
ist arbeiten …

Wir haben hier keine Rechte – auch wenn wir das glauben sollen. Die Tatsache, dass das einvernommene System hier etwas gerade mal nicht verhindern kann, bedeutet jedoch nicht, dass wir es deshalb auch dürfen. Genau genommen dürfen wir so gut wie nichts hier!

Und was sagt das über dieses einvernommene System hier aus?

Dass es nicht in Übereinstimmung mit **Seiner Schöpfung** ist – und deshalb auch nicht legitimiert ist – zu was auch immer!

Der Freie Wille

Der **Freie Wille** ist Ausdruck dieser **Schöpferischen Freiwilligkeit**.

Der Freie Wille ist eine **Himmlische Gabe**, die schon in uns gelegt ist – doch ist diese Gabe in uns noch nicht vollends entwickelt …

Denn es gibt zwei Entwicklungsstufen des Freien Willens:

Die erste Stufe bezieht sich auf unsere **Entscheidungsfreiheit**. Und die zweite Stufe drückt sich in der **Wahl-Freiheit** aus, d.h. wir können frei wählen …

Hier werden jedoch beide Fähigkeiten oftmals miteinander vermischt, weshalb wir sie nicht korrekt unterscheiden.

Ob wir uns für etwas entscheiden oder frei wählen, erscheint uns, ein und dasselbe zu sein – was es aber definitiv nicht ist!

Die Entscheidungsfreiheit braucht es, um wieder von allem loslassen zu können, was nicht zu uns gehört.

Dazu ist es jedoch nicht notwendig, sich gegen etwas zu entscheiden, sondern **für Dich selbst** !

Noch ein wichtiger Hinweis dazu:

> Keine Entscheidung zu treffen,
> ist auch eine Entscheidung !

Die Gabe des Freien Willens drückt sich also in zwei Fähigkeiten aus, die einem unterschiedlichen Entwicklungsprozess unterliegen ...

Wenn wir gezeigt haben, dass wir eine Gabe zuverlässig zum Guten anwenden — also nicht missbrauchen —, dann erst geht es für uns in die nächste Entwicklungsstufe über ...

Und wenn die Entwicklung unserer **Entscheidungsfreiheit** abgeschlossen ist, dann geht die Entwicklung unseres Freien Willens in die nächste Stufe über — in die **Wahlfreiheit** ...

Die Fähigkeit, frei wählen zu dürfen, drückt sich darin aus, dass es im Unterschied zur Entscheidungsfreiheit **keinerlei Auswirkungen** für uns hat, ob und was wir wählen – oder ob wir nicht wählen!

Wenn wir frei wählen können, dann wissen wir, dass wir uns nicht mehr zu entscheiden brauchen!

Und noch etwas …

Für die Entwicklung jeder Gabe gibt es im Laufe unseres Lebens ganz bestimmte Zeitfenster, innerhalb derer diese Entwicklung geradezu unmerklich geschieht ...

Wir sind uns dessen nicht bewusst, und wundern uns hinterher, dass wir uns in bestimmten Situationen plötzlich ganz anders verhalten als früher! Und dadurch merken wir etwas …

Du hast Dich verändert,
weil sich etwas in Dir verändert hat.

Unsere Entscheidungsfreiheit

Unsere Entscheidungsfreiheit ist uns dazu gegeben, um uns für uns selbst zu entscheiden.

Wir brauchen diese Fähigkeit, um raus aus der Abweichung wieder zu uns selbst finden zu können. Denn dazu ist es notwendig, wieder von allem loszulassen, was unserer Selbst-Erkenntnis im Wege steht – also was uns dabei blockiert und limitiert.

Wir haben die Gabe des Freien Willens nicht dazu, um uns zwischen Vanille- und Schoko-Eis entscheiden zu können, denn dazu wären wir auch ohne den Freien Willen fähig.

Die Entscheidungsfreiheit hilft uns dabei, für uns selbst Stellung zu beziehen und von allem loszulassen, was uns selbst blockiert – und damit in unserer Entwicklung limitiert.

Du hast in Dir beispielsweise die Gabe zu singen, aber Dein soziales Umfeld hält das für keine gute Idee und macht Druck, um Dich auf einen anderen Track zu bringen …

Dann gibt Dir die Entscheidungsfreiheit die Möglichkeit, von ihren Ansichten loszulassen, um nicht etwas zu tun, was Dir nicht entspricht.

Falsch ist alles, was Dich im Prozess der Selbst-Erkenntnis blockiert – egal, wie plausibel es erscheinen mag!

Stimme nicht weiterhin dem Falschen zu, nur weil Du es mal für wahr gehalten hast – und die äusseren Umstände jetzt auch noch nicht ändern kannst. Denn eines kannst Du immerhin schon: nämlich dem Falschen jetzt Deine innere Zustimmung entziehen …

denn damit beziehst Du bereits Stellung für Dich selbst …

Und das ist in dieser Welt eine grosse Herausforderung, weil der Widerstand der anderen schon vorhersehbar ist – und zwar in der Form, dass mit dem Verlust der sozialen Zugehörigkeit gedroht wird …

Wir können uns dieser Verlust-Angst beugen – oder zu uns selbst stehen …

Wenn ein Junge beispielsweise merkt, dass er aufgrund seiner Weiblichkeit in sich eher auf Jungs steht statt auf Mädchen, dann stellt diese unveränderbare Tatsache aufgrund der Blindheit und Intoleranz der Gesellschaft, die sich offen gegen Seine Schöpfung richtet, auch eine grosse Herausforderung dar …

Noch ein Hinweis dazu:

Wir können niemals etwas anderes sein als das, was wir sind. Und deshalb können wir auch nicht ein anderes Leben leben als unser eigenes Leben.

Es geht also nicht darum, die Erwartung anderer zu erfüllen, sondern darum, zu uns selbst zu stehen.

Erst viel später erkennen wir, dass es nicht darum geht, ob wir homo, bi oder trans sind, weil es in Wahrheit nicht darum geht, wofür wir uns halten – sondern darum, was wir sind.

Daher meine Empfehlung an junge Menschen:

Liebe soviel Du kannst – wen immer Du willst, denn es gibt nichts Wertvolleres als zu lieben !

Geht es jedoch nur um Sex, dann solltest Du auf »Safer Sex« achten – und damit ist hier nicht die Benutzung von Kondomen gemeint, sondern zuallererst Deine Achtsamkeit auf die Partnerin oder den Partner. Denn im Sexuellen lässt sich viel übertragen, was wir definitiv nicht für uns wollen – und darüber hinaus wird Sexualität auch zum Energie-Raub missbraucht!

Das braucht Dich jedoch nicht zu erschrecken, aber es sollte Deine Achtsamkeit erhöhen, wem Du Dich öffnest und hingibst.

Unbedenklich ist in dieser Welt leider nur sehr wenig!

In der **Schöpferischen Prävention** als Ausdruck Seiner Bedingungslosen Liebe geht es um das **VORHER**, denn hinterher weiss jeder bekanntlich immer mehr.

Endlich raus aus dem Widerstand

Wir befinden uns hier in der Evolution, in der es primär um Selbst-Erkenntnis geht – und dazu braucht es das Erkennen von Irrtümern, die Auflösung selbiger und die Ausheilung der Auswirkungen davon …

Aufgrund der Täuschungen, Fallen und unsichtbaren Überzeugungen in uns sind wir nicht dazu in der Lage, das Ziel der Evolution ohne Hilfe von aussen zu erreichen.

Wir brauchen Hilfe …

Die übernommene Vorstellung, wir könnten es auch alleine schaffen, weil wir gelernt haben, es alleine schaffen zu müssen, kann unser Scheitern nicht verhindern.

Um raus aus der Abweichung wieder auf den goldrichtigen Kurs einschwenken zu dürfen, braucht es aber nicht nur irgendeine Hilfe, sondern eine überaus kompetente Hilfe …

Für unsere Befreiung von allem, was nicht zu uns gehört – und für unsere Ausheilung, gibt es glücklicher Weise schon diese Hilfe …

Hoffnung und Zuversicht

Wir hoffen auf eine bessere Zukunft – und das ist auch gut so –, obwohl wir dazu eigentlich keinen Grund hätten, wenn wir unsere gegenwärtige Situation hier betrachten – und schon gar nicht, wenn wir auf die abgeschlossene Vergangenheit zurückblicken.

Wir schöpfen unsere Hoffnung nicht aus dem Wahnsinn der Geschichte, sondern aus der Zuversicht, die uns durch Einblicke in die Zukunft geschenkt wird …

Egal, wie es uns zum jetzigen Zeitpunkt hier alles noch erscheinen mag, so gibt uns das Wissen darum, dass es in der Zukunft schon nicht mehr so ist – und auch nie wieder so sein wird –, die Zuversicht, um durchzuhalten, anstatt innerlich aufzugeben …

Und diese Zuversicht motiviert uns, unser Bestes zu geben – auch wenn es uns derzeit noch als bedeutungslos erscheinen mag, weil die Erscheinungswirklichkeit hier noch stark verzögert reagiert und deshalb unser Bemühen nicht angemessen bestätigt.

Die fehlende Bestätigung sollte uns jedoch nicht darüber hinwegtäuschen, dass jeder Beitrag zählt – und deshalb unser Bemühen niemals bedeutungslos ist!

Grosse Veränderungen beginnen selten im Grossen, sondern oftmals im Kleinen.

Der Flügelschlag eines Schmetterlings vermag alles zu verändern - wenngleich wir den Schmetterling gar nicht wahrnehmen.

Unser Beitrag mag uns jetzt noch als bedeutungslos erscheinen, aber in Wahrheit sind wir schon der Schmetterling, dessen Flügelschlag schon alles verändert hat – was wir schon sehr bald auch hier zu sehen bekommen.

Unsere Hoffnung und Zuversicht – also unser Optimismus – ist nicht irrational oder illusorisch. Denn sonst hätten wir schon längst aufgegeben, weil wir rational betrachtet keinen Grund haben zu hoffen, dass sich hier jemals für uns etwas zum Guten ändern wird – und schon gar nicht, dass wir jemals unser Ziel hier erreichen können.

So viel Optimismus könnten wir uns hier niemals einreden und uns selbst vormachen!

Unsere innere Zuversicht leiten wir nicht aus der Erscheinungswirklichkeit ab, sondern aus einem tiefen Wissen in uns, dass Befreiung, Korrektur und Ausheilung auch für uns möglich ist - egal, wie trostlos uns alles hier derzeit noch erscheinen mag …

Woher nehmen wir also diese Zuversicht in uns?

Und dieses ‚Woher' hat einen Namen, den wir alle schon kennen:

CHRIST

Bevor wir jetzt aufgrund religiöser Ideologien in alte Vorbehalte zurückfallen, sei schon mal klargestellt, dass der lebendige **CHRIST** kaum noch etwas mit dem biblischen Bild von Jesus Christus, wie es die System-Kirche hier vermittelt, zu tun hat.

Die Bibel als Zeugnis, die das Wirken Jesu als lebendige Verkörperung von **CHRIST** darstellt, ist bedauerlicher Weise sehr desinformativ, weil Wahres und Falsches darin so miteinander vermengt werden, dass dadurch eher mehr Verwirrung als Klarheit entsteht.

Auch wenn wir **CHRIST** nicht persönlich kennen, so ist er unsere Garantie dafür, dass wir aus der Abweichung von der Schöpferischen Wahrheit wieder befreit werden können, und auf den Goldenen Pfad der Selbsterkenntnis emporgehoben werden – auf dass wir das Evolutionäre Ziel der Vollendung erreichen können …

Wer hat uns also hier durchhalten lassen?

CHRIST

Und was hat hier uns durchhalten lassen?

Seine Zuversicht in uns

Der Zweifel als der grosse Spalter und Feind in uns kann uns dennoch diese Zuversicht nicht nehmen.

Und mit dieser Zuversicht in uns können wir jetzt nicht aufgeben, weil wir wissen, dass wir aus der Abweichung mit all ihren Irrtümern befreit werden …

Und auf dieses **HAPPY END** verzichten wir ganz sicher nicht …

ZURÜCK ZU CHRIST

Was ist also das Besondere und Einzigartige am Wirken von **CHRIST** für alle, die sich in der Humanoiden Evolution befinden?

Dass **CHRIST** als Sohn des **HIMMLISCHEN VATERS** uns allen hier in der Humanoiden Evolution als **Heiland und Erlöser** zur Verfügung steht – auf dass wir das erhabene Ziel der Evolution überhaupt erreichen und in die Himmlischen Sphären hinübergehen können …

Und unfassbarer Weise können wir dieses Ziel jetzt auch hier auf Erden erreichen …

CHRIST IS OUR SAVIOR
AND OUR ONLY CHANCE

Ohne **CHRIST** könnten wir das erhabene Ziel der **VOLLENDUNG** niemals erreichen – was wir gnadenvoller Weise ja auch nicht müssen.

Nur durch **CHRIST** können wir erlöst werden, um das Evolutionäre Ziel zu erreichen. Und deshalb führen alle Wege zu **CHRIST** …

Das ist ganz einfach so.

Warum sich nicht jetzt schon **CHRIST** zuwenden, um sich leidvolle Irrwege und Umleitungen zu ersparen?

Wir können gleich diese grosse Abkürzung nehmen, indem wir uns **CHRIST** hinwenden und unser Leben auf **Ihn** ausrichten …

Und die freiwillige Hinwendung und Ausrichtung auf Seine Wahrheit ist das Ziel, denn nur **Er** kann uns von all dem Ballast befreien und erlösen, der nicht zu uns gehört – und auch nie gehörte!

Aus eigenem Vermögen können wir das nicht. Ebensowenig wie wir uns selbst am Schopf aus dem Sumpf herausziehen können.

Wir sind auf Sein gnadenvolles Wirken angewiesen – und deshalb sollten wir uns Seiner Himmlischen Führung anvertrauen …

Wie dem auch sei, wir werden, wie auch immer und wann auch immer, **Seine Wahrheit** in uns verwirklichen – und je früher, desto besser für uns und alle anderen.

SEINE WAHRHEIT LEBEN

Seine Wahrheit ist für uns oftmals noch im Widerspruch zu ”unserer” Wahrheit, weil wir noch darauf bestehen, was wir hier für wahr halten.

Da es glücklicher Weise nur **eine** Wahrheit gibt, haben wir noch eine Chance, aus dem Sog des Zweifels und der Irrtümer hier befreit zu werden …

Denn durch den universellen Schlüssel der **Hingabe** können wir das ultimative Ziel der Evolution erreichen – also **Seine Wahrheit** in uns verwirklichen und zum Wohle aller Wesen leben …

Indem wir uns auf **CHRIST** ausrichten und uns **Ihm** hingeben – und damit **Seine Wahrheit** leben – endet die Abweichung und damit der Scheiterkurs für uns.

Und noch etwas Schönes …

Durch die freiwillige Ausrichtung und Hingabe auf **CHRIST** sind wir immer auf der goldrichtigen Seite …

Und wie das für uns möglich ist, dabei helfen uns die zwei **Ziel-Schlüssel**, die uns nicht mehr zweifeln – und damit nicht zögern lassen, in jeder Situation das wahrhaft Richtige zu tun …

Die zwei Goldenen Ziel-Schlüssel

Seine Wahrheit drückt sich **nicht** in etlichen Geboten oder gar in Verboten aus, sondern ist für jeden klar und einfach in zwei Sätzen zu verstehen …

Das, was Du nicht willst, dass man Dir tu',
das füg' auch keinem anderen zu.

Und das, was Du willst, dass man Dir tu',
das tue anderen zuerst.

Damit hast Du alles, was es braucht, um Dein Ziel hier zu erreichen !

Und das überaus Geniale an diesen beiden Ziel-Schlüsseln ist, dass sie zu jeder Zeit, an jedem Ort und unter allen Umständen angewendet werden können – auch wenn wir Seine Wahrheit noch nicht in uns verwirklicht haben.

Was offenbaren uns diese geradezu magischen Ziel-Schlüssel noch?

Ein sehr viel grösseres Geheimnis über das erhabene Ziel der Evolution, in der wir uns gerade befinden:

Wir erahnen dadurch die grosse Bedeutung und den unermesslichen Wert von **Empathie …**

Empathie ist die Fähigkeit,
sich in andere hineinversetzen zu können.

Wozu braucht es diese besondere Fähigkeit aus der Bedingungslosigkeit der Wahren Liebe?

Weil es ohne Empathie kein Mitgefühl gibt !

Erst die Empathie entfaltet in uns die Gabe zum Mitgefühl …

Und Mitgefühl ist das, was uns wirklich ausmacht und auszeichnet.

Und dadurch erkennen wir noch mehr:

Dass es in **Seiner Schöpfung** nicht nur um Liebe geht, sondern um **Bedingungslose Liebe!** Denn wir bekommen hier die Chance zur Befreiung, Korrektur, Erlösung und Ausheilung – und werden dadurch von all dem Ballast der Irrtümer befreit und aus der Abweichung emporgezogen, obwohl **WIR** es waren, die von **Seiner Wahrheit** abgewichen sind.

NUR SEINE BEDINGUNGSLOSE LIEBE IST ABSOLUT

Wir hätten sonst nie eine Chance gehabt, jemals wieder raus aus der Abweichung zurück nach Hause zu kehren.

Lebensfreude

Eine Qualität der **Bedingungslosen Liebe** ist das absolute Vertrauen und die Freude, denn die Freude ist das, was das Leben überhaupt erst lebenswert macht.

Die Freude ist von unermesslichem Wert für unser Seelenheil.

In **Seiner Schöpfung** geht es deshalb immer um die Vermehrung der Freude durch Teilung bzw. Weitergeben …

Je mehr wir unsere Freude mit anderen teilen, umso mehr Erfüllung und Glück erleben wir …

Denn ohne Freude erleben wir keine Erfüllung – und auch kein Glück!

Was auf keinen Fall zu einem erfüllten und glücklichen Leben führt – das wissen wir schon!

Ignoranz schützt uns nicht, sondern bringt uns noch mehr in die Abweichung weg von **Seiner Wahrheit**.

enjoy your life …

Wer bist Du ?

Im Evolutionären Kreislauf der Selbsterkenntnis geht es immer um die Wahrheit – und nicht darum, wofür wir uns halten.

Wir identifizieren uns mit vielem – und halten uns deshalb für vieles …

Aber wer sind wir wirklich?

Die Antwort auf die Frage, wer wir sind, offenbart sich uns, weil wir die Antwort durch Nachdenken nicht finden können.

Und warum nicht?

Weil wir uns mit der Wahrheit nicht identifizieren können.

Du bist, wer Du bist – wenngleich Du Dich für vieles hältst, womit Du Dich identifizieren kannst.

Das, womit wir uns identifizieren, kann uns täuschen, weil wir nicht sind, womit wir uns identifizieren.

Im Evolutionären Prozess der Selbsterkenntnis geht es also nicht darum, womit wir uns identifizieren können – und wofür wir uns folglich halten –, sondern immer darum, wer wir wirklich sind.

Wenn Du wissen willst, wer Du wirklich bist, dann reicht es nicht, in den Spiegel zu schauen – und Dein Personalausweis sagt darüber auch nichts aus.

Du kannst hier sehr lange suchen, ohne die Antwort zu finden …

Um die lange Suche abzukürzen, und Dir damit viele Umwege und Leid zu ersparen – stell' Dir gleich die richtige Frage:

Bei wem hast Du Dich zu bedanken?

Und wofür?

Dafür, dass Du am Leben bist – und jetzt gerade das liest, was Du liest.

Die Antwort auf die Frage, wer Du bist, offenbart sich Dir durch die Frage …

Durch wen bist Du hier ?

Und die Antwort darauf reduziert sich nicht nur auf die biologische Hülle, denn durch Deine leiblichen Eltern hast Du zwar die Hülle – aber dadurch noch nicht das Leben geschenkt bekommen.

Wenn Du stirbst – und möglicher Weise wird das gar nicht geschehen –, dann lässt Du von Deiner biologischen Hülle wieder los – so wie Du ein Kleidungsstück ablegst …

Doch damit endet Dein Leben nicht!

Und deshalb die Frage:

Wer hat Dir Dein Leben geschenkt?

Und wenn sich Dir offenbart, wem Du Dein Leben zu verdanken hast, dann erkennst Du auch, wer Du wirklich bist …

Der Grosse Aha-Moment ...

Die Evolution ist ein Korrektur-Kreislauf innerhalb dessen wir die Chance bekommen, von Irrtümern loszulassen, um dadurch immer mehr zum Kern unseres Seins vorzudringen, bis sich uns offenbart, wer wir wirklich sind.

Bis dahin sollten wir nicht vehement darauf bestehen, wofür wir uns halten - nur weil wir uns so sehr damit identifizieren, was wir im Spiegel sehen.

Bestehe nicht auf dem,
wofür Du Dich hältst !

Es geht also immer um Selbsterkenntnis ...

Und um diesen Prozess abzukürzen – und Dir damit viele Umwege und Leid zu ersparen, stell' Dir die Frage, die Dich wirklich auf das nächste Level bringen kann:

Wem hast Du die Chance zur Korrektur innerhalb des Kreislaufs der Evolution zu verdanken?

Durch wen ?

Die ersehnte Antwort auf die Frage, wer Du bist, offenbart sich Dir viel schneller als Du denken kannst durch die Frage …

Durch wen bist Du hier ?

Es spielt dabei keine Rolle, welcher Religion Du angehörst und woran Du gelernt hast zu glauben. Denn die Wahrheit über Dein Wahres Sein ist genau das, worum es in diesem Evolutionären Korrektur-Kreislauf geht …

Erst am Ziel Deiner Selbsterkenntnis angelangt, offenbart sich Dir die ganze Wahrheit über Dich …

Und bis dahin glauben wir an das, was wir für wahr halten, weil es uns hier so erscheint.

Am Ziel erkennen wir staunend, durch wen wir die Chance zur Korrektur bekommen haben …

Seinen Namen kennen wir schon alle:

CHRIST

Durch wen kennen wir diesen Namen?

Durch **JESUS CHRIST** …

Und warum?

Weil sich durch den Menschen »Jesus« **CHRIST** verkörpert hat.

Und was hat uns **JESUS CHRIST** geschenkt?

Die Erkenntnis, dass wir den Kreislauf der Evolution abschliessen und daraus wieder aussteigen können, um zurück nach Hause zum **HIMMLISCHEN VATER** zu gehen.

Die Erkenntnis, dass wir nur durch **CHRIST** von allen Irrtümern befreit und ausgeheilt werden können.

Die Erkenntnis, dass wir nur durch Ausrichtung auf **CHRIST** das Evolutionäre Ziel der Selbsterkenntnis erreichen können.

Die Erkenntnis, dass der Tod nicht das Ende ist – und wir folglich den Kreislauf von Sterben und Wiedergeborenwerden überwinden können – und so unsterblich werden und Ewiges Leben haben.

Du brauchst keiner Religion anzugehören, um diese Wahrheit zu verstehen, weil die Wahrheit von keiner Religion abhängig ist.

Ursprünglich sollten uns Religionen wieder mit Seiner Wahrheit verbinden – anstatt uns noch mehr davon abzuspalten.

Wir brauchen die Wiederanbindung an **CHRIST** jetzt dringender als die Luft zum Atmen, weil wir hier schon so weit von Seiner Wahrheit abgewichen sind, dass wir uns an Ihn schon gar nicht mehr erinnern ...

Und erst wenn Du wieder in Verbindung mit **CHRIST** bist, offenbart sich Dir, wer Du wirklich bist – und in diesem Heiligen Moment fallen alle Irrtümer des Evolutionären Kreislaufs von Dir ab – also alles, wofür Du Dich bis dahin gehalten hast.

Und dann erkennen wir, was wir tief in uns schon immer gewusst haben:

Dass **CHRIST** der Sohn des Himmlischen Vaters ist und wir nur durch **CHRIST** die Chance haben, »**Zurück nach Hause zum VATER**« zu kehren …

Und deshalb ist die absolute und unbezweifelbare Wahrheit:

CHRIST IS OUR SAVIOR
AND OUR ONLY CHANCE

Und jetzt weisst Du auch,
bei wem Du Dich bedanken darfst …

DANKE !

Wie können wir uns bei **CHRIST** für diese Gnadenvolle Chance bedanken, die uns durch Sein Himmlisches Wirken hier unfassbarer Weise geschenkt wird?

Wenn wir uns bei jemandem bedanken, dann wollen wir ihm / ihr eine Freude machen …

Wodurch erfreuen wir also **CHRIST**?

Um zu wissen, was Ihn erfreut, sollten wir wissen, wofür Er steht – nämlich für **Empathie und Mitgefühl** …

Indem wir uns also anderen gegenüber empathisch und mitfühlend verhalten, erfreuen wir **CHRIST** – und ebenso den **HIMMLISCHEN VATER.**

So einfach ist es !

Wovon sollten wir also hier loslassen?

Uns anderen gegenüber unachtsam, respektlos und entwertend zu verhalten.

<u>Und noch ein wichtiger Hinweis dazu</u>:

Lass' Dich nicht von denen beirren, die behaupten, dass Empathie und Mitgefühl keine Rolle spiele – denn es sind immer diejenigen, in denen bekanntlich keine Empathie und kein Mitgefühl ist.

Folge nicht den Angreifern gegen das Himmlische Licht, denn sie haben ein anderes Ziel, das Du gar nicht wissen willst – denn es ist <u>nicht</u> Dein Ziel !

Mensch Sein

Üblicherweise setzen wir die Humanoide Erscheinungsform gleich mit Mensch – und sogar mit Menschlichkeit.

Doch die menschliche Hülle kann uns täuschen, denn sie sagt nichts darüber aus, was drin ist!

Das, was uns zu Menschen macht, ist nicht die humanoide Form, die grundsätzlich universell ist, sondern die aussergewöhnliche Fähigkeit zur **Empathie und zum Mitgefühl** …

Unfassbarer Weise spielt es deshalb keine Rolle, auf welcher Evolutionsstufe wir uns gerade befinden, weil wir das Evolutionäre Ziel der **VOLLENDUNG** unseres Selbst-Erkenntnis-Prozesses auf jeder Evolutionsstufe erreichen können.

Darin zeigt sich mal wieder die Bedingungslose Liebe des Himmlischen Vaters …

Deshalb ist Empathie und Mitgefühl wahrlich keine Nebensächlichkeit, sondern der **Heilige Gral**, um das erhabene Ziel der **VOLL-ENDUNG** zu erreichen.

Und in diesem Sinne verstehen wir jetzt **die beiden Ziel-Schlüssel** in ihrer unermesslichen Bedeutung für unsere Entwicklung.

An das wahre Ziel geht es nur mit Empathie und Mitgefühl …

Wir sollten also allem unsere innere Zustimmung entziehen, was respektlos, abwertend und negierend ist, weil wir dadurch in der Entfaltung unserer Empathie und damit unseres Mitgefühls stark blockiert sind – und dann geht es nicht weiter voran.

Und dann verändert sich auch nichts für Dich.
Und das willst Du doch nicht wirklich !?

Jetzt weisst Du also, worum es für Dich hier geht – und worum nicht!

Jetzt hast Du alles, was es braucht, um das erhabene Ziel der **EVOLUTIONÄREN VOLLENDUNG** zu erreichen …

Und mehr brauchst Du jetzt auch nicht zu wissen, um Dir nicht die **Überraschungen** zu nehmen, die noch auf Dich warten …

GO SPIRITUAL

JESUS CHRIST hat uns die zwei wichtigsten Grundsätze geschenkt, die deshalb auch als **CHRIST**-Ideale bezeichnet werden, um unser Ziel zu erreichen:

Das, was Du nicht willst, dass man Dir tu',
das füg' auch keinem anderen zu.

Und das, was Du willst, dass man Dir tu',
das tue anderen zuerst.

Und mit diesen zwei einfachen und klaren Grundsätzen in Deinem Reisegepäck hast Du alles, was es braucht, um Dein Ziel zu erreichen.

Denn wahrhaft **frei** sind wir erst, wenn wir das Geistige, das uns ausmacht, nicht mehr aus unserem Leben ausschliessen …

OHNE WEG ANS ZIEL (2)

Für uns geht es also nicht darum, noch weiter von dem erhabenen Ziel der **EVOLUTION** abzuweichen, sondern es in Lichtgeschwindigkeit zu erreichen …

Und dazu brauchen wir nicht ewig lange erst noch zu studieren und unendlich viele Erfahrungen zu machen, von denen wir gar nicht wissen, ob sie uns nützen.

Alles, was es braucht, ist die freiwillige Hinwendung und Ausrichtung auf **CHRIST** – und dadurch ändert sich nicht etwas, sondern alles für Dich …

Miteinander

Zuallererst geht es für uns jetzt darum, von dem Irrtum loszulassen, es ***alleine*** schaffen zu wollen – oder zu müssen …

Und warum?

Weil das gar nicht möglich ist, wenn Du Dein Ziel hier überhaupt erreichen willst!

Und warum nicht?

Weil sich Seine Empathie und Sein Mitgefühl in uns nur im Miteinander entfalten können !

Das Gegeneinander, in das uns die Anhaftung an das *falsche Ich* hier treibt, bringt uns immer mehr in die Abweichung – und damit weg von unserem Ziel hier …

Erst wenn wir **Seine Empathie und Sein Mitgefühl in uns** zulassen, werden wir auf magische Weise verwandelt – nämlich zu wahren Christen …

Die **CHRIST**-**Werdung** des Menschen ist also das, worum es jetzt für uns hier geht – und wodurch wir das nächste Level erreichen können …

Verhalte Dich nicht nur gemäss der **CHRIST**-Ideale, sondern verinnerliche und lebe sie auch …

GO VEGAN !

Der Begriff »**vegan**« reduziert sich nicht nur auf unsere Ernährung, sondern drückt vielmehr unsere Haltung dem Leben gegenüber aus – und genau darauf kommt es für Dich an …

Denn Du weisst jetzt, worum es in Wahrheit immer geht …

UM EMPATHIE UND MITGEFÜHL

Und was bedeutet das ?

Keinen Widerstand gegen das Leben zu leisten !

Entziehe Deine innere Zustimmung dazu, dass anderen Lebewesen Schaden zugefügt wird.

DIE GROSSE FREIHEIT

Die grosse **FREIHEIT** wartet schon auf Dich – sofern Du mit dem Leben kooperierst, anstatt im Trotz, im Neid und in der Wut dagegen zu sein.

Du willst endlich sorgenfrei, unbedenklich und unbekümmert leben ?

Dann lebe spirituell …
und Du erlebst eine andere Zukunft …

DIE ZUKUNFT IST ANDERS
ANDERS IST DIE ZUKUNFT

THE MAGIC IS ON

Wir leben hier in einer magischen Welt …
nicht nur in einer tragischen Welt !

Behandle andere immer mit **Achtung und Respekt** – und Du erreichst das nächste Level hier …

Ohne Anstrengung und Mühsal ans Ziel – das ist **die Neue Welt**, in der wir schon jetzt leben …

WILLKOMMEN IN DER ZUKUNFT …

Das Ziel der Vollendung

In Wahrheit geht es also um die Verwirklichung des **CHRIST-BEWUSSTSEINS** in jedem von uns – auf dass wir zu lebendigen Zeugen der Herrlichkeit **Seiner Bedingungslosen Liebe** – und damit zu wahren Christen werden …

Nach der Evolution …

Und was erwartet uns, nachdem wir den Kreislauf der Humanoiden Evolution abgeschlossen haben, indem wir das Ziel der **VOLLENDUNG** hier erreicht haben und damit alle Irrtümer in uns aufgelöst sind?

Wir bekommen dann die Chance, die Vielfalt **Seiner Schöpfung** kennenzulernen, bis wir uns absolut sicher sind, worin das grösste Glück für uns besteht …

Und so nähern wir uns immer mehr an unsere wahre **Glückseligkeit** – und zwar als den Zustand, von dem wir nie wieder jemals abweichen wollen …

Und erst dann offenbart sich uns unsere wahre Bestimmung, die wir frei wählen als den Heiligen Auftrag in uns, der uns fortan ausmacht und von dem wir nie wieder abweichen können – unabhängig von Raum, Zeit und Umständen.

Und erst mit unserer Bestimmung haben wir zu uns selbst gefunden und sind dort angekommen, wo wir immer hin wollten – bei uns selbst als Himmlische Wesen, die wir schon immer waren …

NUR SIND WIR UNS DESSEN JETZT AUCH BEWUSST !

Denn Bewusstheit ist die einzige "Steigerung" zur **VOLLKOMMENHEIT** unseres Seins, weil wir niemals mehr sein können als das, was wir schon sind.

Bewusstheit veredelt also unser vollkommenes Sein bis hin zur **VOLLENDUNG** – wodurch wir den Zustand ewiger **Glückseligkeit** erreichen …

Mögen alle Wesen Glückseligkeit erlangen,
und den Grund für ihre Glückseligkeit
in sich erkennen ...

OM MANI PADME HUM